A Child Is Not a Knife

The Lockert Library of Poetry
in Translation

Editorial Advisor: Richard Howard

For other titles in the Lockert Library
see page 181

A Child Is Not a Knife

Selected Poems of
Göran Sonnevi

Translated and Edited by Rika Lesser

Princeton University Press
Princeton, New Jersey

Published by Princeton University Press, 41 William Street, Princeton, New Jersey 08540

In the United Kingdom: Princeton University Press, Chichester, West Sussex

Library of Congress Cataloging-in-Publication Data

Sonnevi, Göran, 1939–
A child is not a knife : selected poems of Göran Sonnevi / translated and edited by Rika Lesser.
    p.   cm. — (Lockert library of poetry in translation)
Translated from the Swedish.
Includes bibliographical references.
ISBN 0-691-06983-2 (cl)
ISBN 0-691-01543-0 (pb)
1. Sonnevi, Göran, 1939– —Translations into English.
I. Lesser, Rika. II. Title. III. Series.
PT9876.29.O5A25 1993
839.71'74—dc20   92-19959

This book has been composed in Adobe Caslon and Monotype Albertus

Princeton University Press books are printed on acid-free paper,
and meet the guidelines for permanence and durability of the Committee
on Production Guidelines for Book Longevity of the Council on Library Resources

Printed in the United States of America

10 9 8 7 6 5 4 3 2 1
10 9 8 7 6 5 4 3 2 1
(pbk.)

The Lockert Library of Poetry in Translation is supported by a bequest
from Charles Lacy Lockert (1888-1974)

In memory of
Simone Abitbol Golby
who also fell in love
with this voice

Contents

+

I: For this reason alone / we understand one another

II: Every / word carries

∞

Acknowledgments

Translating poetry is a labor of love and of years. Since 1984 when I began to translate Göran Sonnevi's poems, two Swedish cultural institutions enabled me repeatedly to consult with the poet in person, and I am grateful for the aid provided by the Swedish Information Service and the Swedish Institute; I especially want to thank John Walldén for his unquestioning support. A travel grant from the Bicentennial Swedish-American Exchange Fund took me back to Sweden in the summer of 1991 to finalize the manuscript.

Nor could I have completed this project without the generosity of friends resident (or once resident) in Stockholm, all of whom I wish to name and thank. Elisabeth Hall lent me her flat on Sankt Göransgatan in December 1985. Suzanne Kolare not only housed me in Tensta in the summer of 1987 but also frequently chauffeured me to the Sonnevis' home in Järfälla; she further enhanced my appreciation of Swedish nature by taking me on numerous mushroom-picking expeditions. Lennart Lundquist, then a stranger, turned over his apartment (and computer) in Hässelby Strand during the summer of 1990; waking to and working with Mälaren out the windows made the task of translating "Burge, Öja; 1989" a sheer pleasure. Catherine Sandbach-Dahlström, like her mother Mary, never failed to hold me to the highest standards of written English; her gracious hospitality on Söder in August 1991 eased the pains of finishing this book.

Here and abroad, I am indebted to many friends who have been of enormous assistance. Richard Howard, who initiated me into the art of translation, was a tutelary spirit from start to finish. Paul O. Zelinsky practically underwent my first Sonnevi translation ("Summer has turned now   And I go") and constantly explained mathematical concepts to me. Joan Tate raised my consciousness of livestock in "Åby, Öland; 1982." George and Lone Blecher helped me properly transplant the *Rosa rugosa* in "From the cliff at the foot of Skull Mountain." Judith Moffett and Leif Sjöberg continuously gave me bilingual support and encouragement. Julia Mishkin, Gina Riddle, and Margaret Soltan lent their ears to competing words in drafts of a number of these poems. Bengt Andersson, Marilyn McLaren, Berndt Petterson, Ritva Poom, Kaj Schueler and Nancy Miller all offered sympathetic fellowship.

And how, after all these years, can I thank the Sonnevis—Göran for his poems, Kerstin for her patience, and Anna for her teddy bear, for Nalle, who provided silent companionship as I moved around Stockholm? Finding myself at a loss for words, I hope this book will speak volumes.

*

Translations in this volume have appeared (sometimes in slightly different forms) in the following periodicals or anthologies, to whose editors grateful acknowledgment is made:

Boulevard: "You say I'm naive" and "in the meadow by the shore"
Chelsea: "Dyrön; 1981" and "The twilight of spring rain"
A Garland for Harry Duncan (Austin: W. Thomas Taylor, 1989): "Incalculable: the heart"
The G.W. Review: "For S***, 1971"
The Missouri Review: "There is life that / will not give up" and "The center of unheard-of, of enormous hopes"
1990: Quarterly: "Whose life? you asked"
Pequod: "Mourning Cloak," "Fagerfjäll, Tjörn, 1986; For Pentti," and "From the cliff at the foot of Skull Mountain"
Poetry East: "Breaking up: that large feeling" and "A Child is not a Knife"
Practices of the Wind: "the hyacinth" and "You, who say yes to"
PRISM international (Vancouver): "You sense the light's fragrance"
Scandinavian Review: "Seeing your smile" and "New Year's 1986"
Seneca Review: "Summer has turned now   And I go"
Southwest Review: "Åby, Öland; 1982"
WRIT (Toronto): "I said to you" and "The wound bleeding"

Göran Sonnevi: An Introduction

Whose life? you asked
And I answered
my life, and yours
There are no other lives
But aren't all people
different?
There's nothing
but difference
It makes no difference!
People live in different conditions:
internal, external

. . . .

It makes no difference
There's nothing but
you, and you
Only when you become explicit,
when you
question me, and I
answer, when there's
an exchange   Only then is there language
only then are we human . . .

"Whose life? you asked" (see page 15) opens Göran Sonnevi's 1983 collection *Dikter utan ordning* (Poems with no order). Throughout the Swedish original, the "you" is *du*, singular and familiar; the mode of address is therefore individual and intimate. In my experience, Sonnevi's poems simultaneously go straight to one's heart and head. What Sonnevi tells us in this poem, and in many others, is that a large part of what it means to be "human" is to participate in each other's lives, and this necessarily begins in dialogue. Language is the life we lead together.

Translating Göran Sonnevi's poetry these last seven years, I have had the privilege of engaging in a dialogue with the poet, sometimes in Swedish, more often in English, the language in which we first met. Constructing this introduction and the montage that follows, I had in mind letting you in on not only the dialogue I carry on with the living poet in writing and conversation, but also the dialogue my mind carries on with his work, the full but incomplete body of his work, a fraction of which is represented here. These are poems I fell in love with. These are poems that have helped me live, as a human being, in and outside of language. Of course it is my hope they will do the same for you. One of Sonnevi's literary forefathers, the great Swedish lyric poet Gunnar Ekelöf (1907–1968) admonished: "One of the most important things in all art: Leave a respectable part up to the reader, the observer, the listener, the participant. There shall be an empty setting at the ready-laid table. It is his." It is your dialogue with the English texts presented here that will determine whether they will last, whether this life—in language alone—will continue, indeed survive all of us.

*

In Sweden, where a major poet's new book is greeted by a dozen or more reviews in the daily press on its publication date, Sonnevi's is a household name. Here are some biographical and bibliographical data:

Born in Lund, Sweden, on 3 October 1939, Göran Sonnevi spent his childhood and youth in Halmstad, where he studied the natural sciences, concentrating in mathematics. From 1958 to 1964 he attended the University of Lund, where he studied the humanities. In 1966 he moved to Järfälla, outside Stockholm, where he continues to live and write. Among his many awards are the *Bonniers Litterära Magasin* Prize, 1967; *Aftonbladets* Literature Prize, 1972; the Aniara Prize, 1975; and the Bellman Prize (given by the Swedish Academy), 1979. In 1983 he became a recipient of a lifetime grant from the Swedish government, bestowed on 125 artists in honor of their contributions to the nation's culture.

Sonnevi has written twelve books of poems, has assembled and revised collections of his poems—most of which were reissued in mass-market paperback editions between 1986 and 1991, and has translated the poetry of Ezra Pound, Paul Celan, Osip Mandelstam, and others into Swedish. (A volume of his translations is scheduled for publication in 1992.) Book-length selections of his poetry have been translated into Dutch, French, Finnish, German, Icelandic, Spanish, and Turkish. Longer selections of his work have appeared in English, French, and German periodicals and anthologies. Translations of individual poems have come out in Chinese, Danish, Greek, Hungarian, Italian, Polish, Portuguese, Romanian, Russian, Serbo-Croat, Slovak, and one Indian language the author cannot identify.

Bibliography

Sonnevi's Books in Swedish (Published by Bonniers)

Outfört (Unrealized), 1961.
Abstrakta dikter (Abstract poems), 1963.
ingrepp—modeller (intervention—models), 1965.
och nu! (and now!), 1967.
Det gäller oss. Dikter 1959–1968 (This concerns us. Poems 1959–1968), 1969.
Det måste gå (It has to work), 1970.
Det oavslutade språket (The unfinished language), 1972.
Dikter 1959–1973 (Poems 1959–1973), 1974.
Det omöjliga (The impossible), 1975.
Språk; Verktyg; Eld (Language; Tools; Fire), 1979.
Dikter 1959–1972, rev. utg. (Revised edition of Poems 1959–1973), 1981.
Små klanger; en röst (Small chimes; one voice), 1981.
Dikter utan ordning (Poems with no order), 1983.
Oavslutade dikter (Unfinished poems), 1987.
Trädet (The tree), 1991.
Framför ordens väggar. Dikter i översättning 1959–1992 (Poems in translation 1959–1992), 1992.

Selected Translations of Sonnevi into English

Translations of Sonnevi's poems have been appearing in English for more than twenty-five years. Longer English selections are included in:

Modern Swedish Poetry in Translation, an anthology edited by Gunnar Harding and Anselm Hollo (Minneapolis: University of Minnesota Press, 1979, pp. 215–233), which contains nine poems translated by Robert Bly (seven of which are reprinted in the chapbook noted below).

Contemporary Swedish Poetry, an anthology selected and translated by John Matthias and Göran Printz-Påhlson (Chicago: Swallow, 1980, pp. 65–79), which contains fourteen poems translated from Sonnevi's books published through 1975.

Göran Sonnevi: Poetry in Translation, an issue of *Swedish Books*, no. 1 (1982) (Gothenburg, Sweden; bilingual, 55 pp.) devoted entirely to Sonnevi's poems. Selections from *The Impossible*, 1975, translated by Cynthia Hogue and Jan

Karlsson; selections from *Small Chimes; One Voice*, 1981, translated by John Matthias and Göran Printz-Påhlson.

The Economy Spinning Faster and Faster: Poems by Göran Sonnevi, Chosen and Translated by Robert Bly (New York: Sun, 1982; bilingual, 45 pp.). This chapbook contains ten poems selected from Sonnevi's books published between 1965 and 1975.

Translations of Sonnevi into Other Languages (Volumes)

In French
Et maintenant! Trans. François-Noël Simoneau. Honfleur: Oswald, 1970.

In Finnish
Keskeneräinen kieli. Trans. Pentti Saarikoski. Helsinki: Otava, 1977.

In Turkish
Şiirler. Trans. Lütfi Özkök and Yavuz Çekirge. Istanbul: Yeditepe, 1978.

In Dutch
Het Onmogelijke en andere gedichten. Trans. Lisette Keustermans. Ghent: Masereelfonds, 1983.

In Icelandic
Mál; Verkfæri; Eldur. Trans. Sigurður Á. Friðþjófsson. Iceland: Svart á hvítu, 1986.

In German
Das Unmögliche: Gedichte 1958–75. Trans. Klaus-Jürgen Liedtke. Münster: Kleinheinrich, 1988.
Sprache; Werkzeug; Feuer: Gedichte 1975–87. Trans. Klaus-Jürgen Liedtke. Münster: Kleinheinrich, 1989.

In Spanish
Poemas sin terminar. Trans. Roberto Mascaró. Montevideo: Coedition Vinten Editor Siesta, 1991.

Selected Criticism of Sonnevi in Swedish

Jan Olov Ullén, *Det skrivna är partitur. Poetik och politik i 70-talet. Essäer.* Östervåla: Cavefors, 1979.

Anders Olsson, *Mälden mellan stenarna. Litterära essäer.* Stockholm: Bonniers, 1981.

Kent Kjellgren, *Göran Sonnevi. Poesi & politik.* Stockholm: Bokförlaget Röda Rummet, 1987.

Mona Sandqvist, *Alkemins tecken i Göran Sonnevis "Det omöjliga".* Lund: Lund University Press, 1989.

Sonnevi:
A Translator's Retrospective Montage

15 April 1991

About a week ago I finished rereading the incomplete works, some fourteen hundred pages in book form. By now the equivalent of perhaps an additional hundred pages of poetry have or will soon come out in Swedish newspapers and periodicals. Among these is an eleven-page poem on the Persian Gulf war whose title, "Now's the Time," comes from Charlie Parker. I first read that poem a few weeks back, while my bad left knee was being buffeted in a whirlpool. Schubert's "Trout" Quintet is playing as I write this; the CD player displays the passage of time digitally.

> *Time's forms moved, discretely,*
> *analogously, con-*
> *tinuously* [1]

Time, the earth, the stars, the tree. Above all else the tree, natural, abstract, cosmic: the linden out my window, not yet in full leaf; language "like an infinite tree / whose roots are / always new"; the "invisible tree, from which / the galaxies hang like fruits, whirling, turning."

Today's weather: "The twilight of spring rain." It seems that more than my leg got immersed in the whirlpool; my mind reels with Sonnevi's world of images and symbols, spins in his vortices, has become part of the single "*oändlig* [unending/infinite/interminable!] poem" he is writing, continuing from book to book—a discrete part, a particle accelerating within the larger, unfinished whole.

> *Where is the unfinished language finished?*
> *—In infinity.* [2]

I had no idea what I was getting into over eight years ago.

> *You cannot*
> *enter into any bond and*
> *be free of it* [3]

*

September 1982
Scandinavia Today: At the Guggenheim Museum, a program organized by
the Academy of American Poets and the American-Scandinavian Foundation,
a panel of Nordic poets and American poet/translators (I was wedged between
Finnish and Norwegian guests), then a reading, alphabetical by country, by the
foreign poets. A long afternoon. Sonnevi read last, by which time I was pacing
in the glass booth above the auditorium, Robert Bly's recently published chap-
book of translations, *The Economy Spinning Faster and Faster*, in hand,
prepped for vetting. . . .

∩

Retrogression
Living in Sweden in 1974–75, I'd read some of Sonnevi's
work. *Det omöjliga* (The impossible), a book of over four
hundred pages, came out in '75 and was all the rage. I
couldn't understand it: What was so captivating about these
texts that trickled down page after page, hugging the left
margin? Texts I regarded chiefly as tracts on linguistics,
mathematics, politics—subjects about which I preferred to
read in other forms.

∩

But then Göran Sonnevi, who stutters when he speaks, read (here I substitute
my own translation for the one he read by Bly):

> *one month ago today*
> *we came to the island*
> *early summer, the trees dark at night*
> *against a luminous sky*
>
> . . . .
>
> *Now the lark soars in a single, slim pillar*
> *of song, for one moment she carries*
> *it all*[4]

Read is not the right word, neither is intone or incant—there was no touch of
melodrama, nothing grandiose or even grand in his reading, his fluent, singing
voice. The word *intonation* took on an entirely new meaning as I listened.

At the end of each enjambed and often brief line the voice rose; the stress on
each word was extraordinary, the stress on the first word of a new line even
more extraordinary. As the underlying rhythmic patterns shifted, the poet's
body subtly but perceptibly moved with them. (Sonnevi always reads at a free-
standing microphone; a lectern gets in the way.) There were pauses of different
durations, beautiful silences.

The sensation of hearing that voice for the first time was sensual, nearly
erotic. Like a knife . . . through water? *So that is how to read them!* I thought as
the voice went on. But why had I not discovered this reading the poems on the
page, even when I read them out loud?

> *I, hacked to pieces,*
> *speak   Speak*
> *piecemeal too*
> *so that you*
> *will only partly understand me*
>
> . . . .
>
> *In the silences*
> *when you do not hear me*
> *If you don't hear me there*
> *you have not*
> *heard me*[5]

+

Göran Sonnevi and I spent the next couple of days taking long walks around
New York City. In the Financial District, where I became disoriented in the
labyrinth of tall buildings and narrow streets, he found our way. Treading the
wooden planks of the Brooklyn Bridge, we discussed poetics, talked chiefly
about rhythm, its overriding importance in translation.

In the Brooklyn Botanic Gardens, we remarked differences in our respective
flora and fauna, touched on our earlier training in the natural sciences. Though
I enjoyed the inclusion of science in A. R. Ammons's work (some of which,
e.g., "Corson's Inlet," bears a resemblance to Sonnevi's) I had chosen largely to
divorce the language of the sciences from my poetry. Like no other Swedish
poet—except, perhaps, Harry Martinson—Sonnevi had chosen to incorporate
it into his. Back at home, I dug out notes I had made on some of his poems
from the sixties and seventies, conveyed my earlier skepticism about his work,
continued to wonder aloud about the orthographic representation of his or
any voice. After a while, he sat down and played the piano—jazz. Our argu-

ments, then and since, have always been punctuated with laughter and with music.

Before he was to return to Sweden, in the SAS lounge at JFK, I had Göran record a couple of poems for me. How else was I to retain the sound of that reading voice? Not long after, as a joke I "translated" bits of his poems into English in the way the Mother Goose Rhymes or *Mots d'Heures: Gousses, Rames* in the d'Antin manuscript are translated into French, which is to say, by sound alone.

> *listen inward for*
> *your own rhythm, your own play*
> *of rhythms*
>
> .   .   .   .
>
> *It is the rhythm of your life*
> *It moves outward, seeking*
> *another*
>
> .   .   .   .
>
> *Your heart, it moves, in the dance*[6]

*

1983

I read all of Göran's books, keeping his voice in mind. Before I could take a stab at any of his poems, he surprised me with various versions, in Swedish, of one of my poems from *Etruscan Things*. In responding to several series of questions he posed about "*Degli Sposi,*" and in going back over what I published as opposed to (a) what I believed I had published or been trying to write, and (b) what he could make of it as a poem in Swedish, I learned that it is far worse to be translated than to translate. Every poem is indeed abandoned. Its maker is happier not to be reminded of this fact.

> *And no language*
> *can be understood unless it has been mirrored*
> *in someone else's language*[7]

In June Göran completed the manuscript of *Dikter utan ordning* (Poems with no order)—I would come to call it DUO—from which many of the poems in this selection come. The book was published to a baker's dozen excellent reviews in Swedish newspapers, counting only those that came out precisely on its publication date, 18 November.

. . . The reviews I sent you must have made you laugh—
criticism in Sweden being so inflated. I guess it is inevitable
with literature in a small language. . . .

(Letter of 16 December 1983)

*

1984

March: Finally sent Göran what seemed an interminable letter containing a
draft translation of a poem from DUO, the one that begins "Summer has
turned now   And I go." (See p. 21.)

May 14: En route to Helsinki, I landed first in Stockholm, and at Arlanda
airport we spent a couple of hours discussing yet another draft I had sent
toward the end of April, along with a slightly less interminable letter. This
time, more than mathematics or philosophy, we discussed Jewish mysticism,
Jainism, the story of Mary's harrowing of Hell. (My account of translating this
poem, an essay entitled "Voice; Landscape; Violence: Sonnevi into English in
Helsinki," appeared in *Translating Poetry: The Double Labyrinth*, edited by
Daniel Weissbort, University of Iowa Press, 1989.)

*

1984/85–1990

The first few years, I would ask Göran to read the poems I was translating to
me or to record them. (Fortunately, over the years, there have been several
recordings of him reading, including two of his books in their entirety.) After
a while, when I was alone working on the translations, I could not help but
hear his voice reading the poems, whether I had actually heard him read them
or not. Sometimes I'd ask myself: To what extent *should* I be heeding the voice
of the living poet, when it makes a music at times very much at variance with
what I experience as a reader? Is it my responsibility as translator to attempt to
reproduce that music? To write the translations so they can be read by that
voice? Something I'd never considered or had to consider translating Rilke,
translating Ekelöf.

By mail, by telephone, and about once a year in person, Göran and I have
gone over just about every word in every poem that appears in this volume
(along with others that have not been included). His wife Kerstin—whose
presence I strongly sense throughout this single *oändlig* poem—displayed

enormous forbearance time and again when she'd return from teaching to a kitchen table piled high with reference books, atlases, and papers. We'd break our working sessions with long or short walks. I've seen the "narrow glade" and a strip of Mälaren's shore where girls "bathed in white suits" ("Summer has turned now   And I go"), as well as the prehistoric fortress in "Mourning Cloak." Sometimes seeing the lay of the land would make me alter my rendition of a line. The Bird, Lady Day, Monk, Mozart, Schnittke, or Schönberg— music concluded each working day.

> *The music that is perfectly*
> *clear*
> *beyond all*
> *understanding, in a joy*
> *beyond*
> *all understanding*[8]

1988: One day, early fall, over lunch in Stockholm, Tomas Tranströmer— old friends, he and Göran would read together at the Poetry Center of the 92nd Street Y the following January—asked me: "How is it going with Göran?"

"Pretty well. Better than I expected," I replied.

"What does that mean?"

"Well, we haven't killed each other yet."

"I can just see it," Tomas went on, "two pedants, one on either side of the table, that must be why you two get along!"

To a very large extent, Tomas was right. I have never worked with or on any living poet who cared about every syllable *in both languages* the way Göran Sonnevi does, the way a translator of poetry has to.

October 1989: After Göran's fiftieth birthday party, during which one half of the Sonnevis' living room was monopolized by distinguished Swedish writers discussing such topics as Ecstasy in Swedish Poetry, another of Göran's friends, the artist Berndt Petterson, asked what Göran and I talked about when we worked. My laconic (I'd dare say Swedish) reply was "words."

1990: Assembling a collection of those poets he has translated into Swedish— Artaud, Bly, Bobrowski, Brecht, Celan, Enzensberger, Hölderlin, Lorca, Mandelstam, Reverdy, Sachs, and Vallejo—Göran phoned with a half-line of Hölderlin as a possible title.

"Is that poem in the manuscript?" I asked.

"No."

"Well, I'm not at all sure that's fair to your readers."

"You may be right."

*

1991

January: Completed second draft of "Koster, 1973"—the only poem in this volume that has previously appeared in English translation. Göran and I had agreed (in the summer gone by) it would be a good poem with which to open the book; also began to consider the sequencing of these "poems with no order." All but "Koster, 1973" and "Burge, Öja; 1989" come from DUO and OD—*Oavslutade dikter* (Unfinished poems), 1987.

March–April: Final draft of "Koster" and a tentative tripartite order framed by the long poems. A relief when Göran phoned and "in principle" approved the tentative order I sent him in March. I'd grouped them by image clusters and for contrast (longer and shorter poems, long-lined and short-lined), the movement within each section from the closer-at-hand to the cosmic. "I haven't reread the texts," he said, "I have an internal image-memory of each poem, and I go by that."

May: Not to him, but to you, reader, will I have to defend my principles of selection? Are there any I can describe? Those poems that appealed to me; those poems that saved my life; those poems that worked in English. This selection includes poems from 1971 to 1989, but most are from the last decade. What am I keeping from you?

Certain kinds of "typical" Sonnevi poems are lacking: those that to my mind, ear, or sensibility read as *purely* political, *purely* erotic, *purely* scientific or linguistic. Most of the poems I have selected weave the strands of these areas of experience. For example, "Breaking up: that large feeling" (see p. 52) mixes politics and Eros; "Burge, Öja; 1989" (see p. 79) blends, among other things, language, Baltic politics, and the structure of the universe. The cosmic love poem "I said to you" (see p. 33) seems to me erotic at a level deeper than that of flesh.

Am I misrepresenting the poet? Perhaps I am deceiving myself, but having reread *all* of Sonnevi's poems leads me to answer "no." While their symbolic content shifts, images and concepts recur; they can be pointed to but not pinned down. Here is a limited listing of several key images or words, along with some of their transformations in the larger context of the continuing, interminable poem, the growing body of Sonnevi's work:

BIRDS: swallows, swifts, avocets, curlews, etc., the birds in Hades, souls, the black bird who is the poet, the heraldic thrush

THE CHILD: of flesh, of glass, of time, not yet born and nameless, that can bear its own mother

CRYSTAL/S, TRANSPARENCY: the city of crystal, the crystal cave from which music issues, the self as crystal or glass, ice crystallizing on tree limbs, the crystal cranium, the unborn child's skull still wholly transparent; night "a crystal of dark light / whose stars are / points of darkness"; the giant crystal of the future; the enormous four-dimensional crystal of the impossible

THE DANCE: of the heart, of the mountain, for life in the face of death

THE DEAD: nameless, falling like snow, accumulating, the tower of dead, the mass graves; the dead twin, the "little brother" who died before the poet's birth and bore his name; Dante, Hölderlin, Homer, Mandelstam, Marx, Mozart, Saarikoski, Sinclair, Spinoza

EYES: consoling dark eyes of the mother, of the beloved, the round eyes of birds

HELL AND PARADISE: their construction, mental architecture

THE LABYRINTH: of stones, of the rose, with or without a minotaur

MATHEMATICS: zero (its tower, its mountain) and infinity, asymptotes, integrals, systems of coordinates, tensors, topology, Cantor, Gödel, the use of the plus sign to separate and connect sections of poems

THE MOTHER: the individual who may carry or miscarry, whose young child may die; the greater mother, mother of the orders of growth; the protective image—as tapestry, matrix, mother field, from which we are born or reborn, who bears her own mother, who bears herself

THE ROSE: Rosa rugosa, roses of wrath, the rose of the human, the rose of fire, the rose that opens in a whorl of petals, one for every human being, each of which bears the same name; the four-dimensional transparent rose whose petals can be colored with blood

THE SEA . . . its arms, water, the water of life: the Baltic, the Kattegat, their rocky islands and skerries; the inner sea, amniotic fluid, water that is common to all

THE SMILE: "the first human / relation / The first face"

VIRVLARNA: the gyres or vortices—of leaves "the color of chaos," of images or forms, of language; the verb VIRVLA—to spin, whirl, eddy, or turn, the movement of the elemental body dancing

WHITENESS: of snow, of milk, of death, the color of all those structures that stand in opposition to love's

+

*Is the politics of the impossible
the sole possibility?* [9]

Sonnevi is not merely the leading poet of his generation writing in Swedish, he has come to be a political conscience for the nation. This began in 1965, when his poem "On the War in Vietnam" (which is printed in Bly's volume) appeared in *Bonniers Litterära Magasin* (Bonniers Literary Magazine) and stirred a general cultural debate. Many of his earlier poems deal directly, dialectically, and at times polemically with possible and existing socialisms, in Sweden and elsewhere—Vietnam, Cambodia, China, the Soviet Union, Eastern Europe, Latin America. Beginning with the poems in DUO, however—it is interesting to note that his longer-lined poems make their first appearance in DUO—Sonnevi's Marxist views bleaken, blacken; at times blinded, at times paralyzed, he emerges with darker visions.

November: Sonnevi's capacity to see with visionary clarity in and through our dark times everywhere informs his new book *Trädet* (The tree), published on 8 November and nominated for the Nordic Council Prize. The visions are accompanied by persistent self-examination and, when warranted, reconsideration of stands taken earlier.

The book opens with fifteen poems that constitute the second part of *Oavslutade dikter*. Several of these are long, long-lined, and predominantly political. "Burge, Öja; 1989" (see p. 79), "Now's the Time" (mentioned earlier), "Requiem; Song," and "Palinode"—these latter two both deal with 1989's "wave of liberation" in the Baltic, Eastern and Central Europe—treat more than the stream of current or recent events. They are concerned with questions of truth (the "false images" of the impoverished in mass graves in Timisoara, dead long before the uprising), the possibility of distinguishing lies from truth, our own self-deceptions that color the information we give and receive; they speak of our responsibility to the dead and to the living in a global community, in a historical community we can inhabit only from moment to moment, from now to now.

The remainder of the book is its majestic title poem that runs just over seventy-five pages. By turns ecological and economic, mathematical and musical, pastoral and political, uncertain and utopian, "The Tree" is a visionary meditation on existence, on the nature of all beings and things, on good and evil, on ideal states (Plato's *Republic*, among others), on ideas—their forms and effects; on time, our planet, the universe, and how, conceivably, all things may be interconnected. It raises many more questions than it answers—What is knowledge? What is the good? upon attaining it does one cease to ask questions? Is order possible? What is freedom? How can we describe a system we are part of?—and returns repeatedly to love, truth, and music, the impulse toward and possibility of song.

Now's the Time—1 December 1991: The only poem from *Trädet* I have lived with long enough to translate and include in this book is "'Burge, Öja; 1989." Additional poems began to arrive this past spring. In Sweden in July, Göran presented me with the complete manuscript, and while I struggled to refine this manuscript, he struggled to release his own as it went into production. After one reading of "The Tree," I told him in August, "'Life is too short; there's no danger of my ever translating *that* poem." But having spent the last two weeks *in* "The Tree," I only wonder now how and when I will manage to translate it.

*

> *Time's forms moved, discretely,*
> *analogously, con-*
> *tinuously*
> *It made no difference; beyond*
> *all these dichotomies*
> *a third term must exist; it cannot*
> *exist in language; or perhaps:*
> *in language alone:*
> *through its growing, strengthening*
> *structures*[10]

Sonnevi has been compared by a Norwegian critic to Lucretius—part scientist, part philosopher. I think of him as many poets in one: poet of nature and the natural sciences (yes, somewhat Lucretian), of politics between individuals and nations, of language, of love, of human possibilities. He is a poet who does not hesitate to confront the unknown; indeed, he courts it. In December 1983 he wrote me about giving a reading and listening to critics discuss his work in a seminar at a Swedish university:

> . . . To my utter astonishment I heard [the organizer] ask
> what I expected from criticism and research, respectively, on
> my work. Dumbfounded I answered: nothing whatsoever!

Then he nudged me: but don't you sense someone looking over your shoulder when you are writing? And my reply: *to be able to write I have to be in a state of mind where I can approach what I don't know, what I know nothing about except possibly afterwards; and in that state you can't have anyone looking over your shoulder, not even yourself. . . .* (emphasis added)

Asked over the years what most attracted me to Sonnevi's work, I have answered "the way he uses language." I admire Sonnevi's vast undertaking, as another Swedish author, Göran Tunström, has described it, of writing, "a single long poem, a commentary on everything that comes within range of his language . . . [bringing] to poetry a swarm of previously unacceptable political and scientific terms . . . sweep[ing] the lot . . . into his poems." But additionally, and perhaps even more than that, I admire the naked linguistic dialogues like "Whose life? you asked" and poems like "You said to me," where the absent dialogue partner is paradoxically present; these are poems that speak to the possibilities that arise when people try to communicate. In these Sonnevi, poet of language, melds with Sonnevi, poet of the human.

> *How shall I speak clearly so that you*
> *will understand what I'm saying?*
>
> . . . .
>
> *How shall I speak with you so that what I say becomes*
> *perfectly clear?*[11]

> *It is*
> *as if I had no language*
> *and as if I had*
> *nothing to say*
> *in that language*
> *And to know at the same time*
> *it is imperative that we speak*
> *with each other*
> *if we are not to die*[12]

Rika Lesser
December 1991

Notes

Except as indicated for poems in this selection, the notes refer to poems not published in English (all translations are my own). A complete list of Sonnevi's Swedish works appears elsewhere in the introduction. The following abbreviations refer to those books cited in the notes:

D: *Dikter 1959–1972, rev. utg.* (Revised edition of Poems 1959–1973), 1981, for citations to poems from
   ON: *och nu!* (and now!), 1967
   DOS: *Det oavslutade språket* (The unfinished language), 1972
DO: *Det omöjliga* (The impossible), 1975
SVE: *Språk; Verktyg; Eld* (Language; Tools; Fire), 1979
DUO: *Dikter utan ordning* (Poems with no order), 1983

∞

1. From "Dyrön; 1981" (see p. 18). Swedish text in DUO, p. 158.
2. From "*Det omöjliga; andra delen,*" #174, in DO, p. 328.
3. From "*nu / finns du,*" ON in D, p. 100.
4. Opening and closing lines of "Koster, 1973" (see pp. 3 and 10). Swedish text in DO, pp. 47–53.
5. From "*jag, den sönderhackade,*" in SVE, p. 15.
6. From "*Det omöjliga; andra delen,*" #126, in DO, pp. 290 and 291.
7. From "*Vid vägkanten mot en blommande äng,*" #19, DOS in D, p. 240.
8. From "*Det omöjliga; andra delen,*" #207, in DO, p. 359.
9. From "Breaking up . . ." (see p. 52). Swedish text in DUO, p. 46.
10. From "Dyrön; 1981" (see pp. 18 and 19). Swedish text in DUO, p. 158.
11. From "*Virvlarna*" III, DOS in D, pp. 191 and 192.
12. From "*Det oavslutade språket,*" #76, DOS in D, pp. 291–92.

A Child Is Not a Knife

Koster, 1973

+

one month ago today
we came to the island
early summer, the trees dark at night
against a luminous sky
We met
people, slowly penetrated
the interior
Came the storm that tore
leaves and small branches
from the trees   The leaves that faced west
later were scorched
by salt   An island
we at first know nothing of
in the beginning seems
mythical   Each day
a penetration
of unknown
matter, strata
with mussel shells, old
oyster shells, the earth
black   The sea surrounding the island
still distant, although
we see it, ebbing and flowing
in the shallow bay
where oystercatchers roam

for days on end   During the storm
they all sat
in a flock, their heads
in the same direction, into
the wind   Myself, I searched for a mother image
somewhere
in matter, perhaps also
in the sea   The smaller islands
around the larger island
shielded
from that image   Pictured
the seals out there
soon giving birth, on
the shortest night
Later we saw the seals, dazzling,
alive with colors,
we did not see
any pups
In the rock clefts, slanting hollowed-out
passages to
the underworld, deciduous
trees grew, ashes and oaks,
on the bare rocks
junipers, bent by the wind
Below this mass of rock were meadows, described
by hazel shrubs,
and orchids, called Saint Peter's keys
Where was the slit
in the rock, the smooth opening
to the underworld

We moved into another house
low-ceilinged,
full of people,
in the rooms a huge calm
Inside there was music
Between images of mothers
shaking their bodies
in a frenzy
the music rose,
calm, turned in toward
the soft rock, the mountain
that moved
Lay on a hard bed
gazing at the rows of colored wool,
the handloom, that was weaving
the images   Flat on my back
as if levitating, in a fever
Beyond the walls
the larger discussion went on
a swarm
of voices, strange
but recognizable
Heard the patterns of lies, about
the world defined once
and for all   For the world seen
from any vantage point
other than from inside
the rock—the skin of
the soft rock, through
its slit, its

eyes, that open to
light—only
the superfine mesh
of lies exists
The European Security Conference
was going on   I did not hear
those voices, but their
echo, in
intellectuals, without
power   One voice I imagined
may have seen itself
as the incarnation
of European power
Wherein everything is
a foregone conclusion   The islands cast away
in a sea with no objects
People who live there
lack power,
lack a vision of
what power is, what it's possible
to do   All summer long
the echoes of power spread
over the island, I hear them
cry out—"the master plan"—
—"during this phase of the operation"—
ranking members of
organizations, confused
boarders in pensiones, tourists,
intellectuals   Lost
in scattered visions—

a cloud of butterflies
On the smaller islands
wild strawberries grow, violets
salt grass   I saw a woolly mullein,
a swallowtail fluttered
in a rock cleft
and I was told
its larvae tend to be found
on the angelica, which also grew
there   The permanent
residents, mainly
fishermen, and former
fishermen, their wives and children, in winter
the isolation, the trawlers
that for months
cannot enter port
because of the ice   The visions
on TV, in color, the voices
that coordinate everything
into one central view, beyond
reality   The gaze floating above
the rock, waiting for
the rock's gentle eye
cautiously to open
and that with its dead
light will burn out
the eye   We moved
into a third house, without running
water, plumbing   It took some time
to get used to   The house exposed to the wind

from the western sea
Disorder's visions and voices did
not abate   Some people left,
others came   Mothers
vanished, were born
over   I was
their child   When we first arrived
at night the moon was over the sea and the islands
in the south   Now the moon is
over the western sea
and the line of rocky hills formed by the islands
there   Through field-glasses I look
at the mountains
of the moon, surrounded by seas
without water
The moon is mother to no one
The earth is the mother
of life, the sea
is part of the earth
The sea is green, transparent
when clean
when no water from the industries up north
flows in
We're afraid to eat the fish
The colors on the back
of the mackerel I caught were alive
a fantastically shimmering life
until it went out
a few minutes later
All over the island wild roses bloomed

for two brief weeks
the deep pink and nearly white
varieties   A few days after the
turn of the year, I heard
crickets   The light of the night sky
dies slowly now
and the darkness of the trees seems
definitive   In July
some of the voices fall silent,
disorder increases
Power
undermines everything, hollows out
everything, pushes up through the passages
from the dead underworld
It comes
from all directions
And the body in its attempt to live
sees itself floating
in matter, for one moment
alone
Until it finds itself resting
against another body
resting
on the rock, itself
resting
above the underworld's light and the underworld's darkness
And the forms of the rock do not lie
The plants, all things that live
on the earth's rocky crust
their bodies do not lie

And the rock has an eye that sees
The rock under the sea has
an eye that sees
The rock is molded by water and by wind,
by subterranean
heat, by
the heat of the sun,
and by its own creatures and voices
in their confused attempt
to see, releasing
matter's primary energy
in the desperate attempt
to see
But the eye of the body
sees, smiles a little
at it all
Soon we too will be gone, all power
gone

Now the lark soars in a single, slim pillar
of song, for one moment she carries
it all

I

For this reason alone
we understand one another
because we do not
understand one another

Whose life? you asked
And I answered
my life, and yours
There are no other lives
But aren't all people
different?
There's nothing
but difference
It makes no difference!
People live in different conditions:
internal, external
I can hold no one
in contempt, for then
you have the instrument
What about those
who don't want to change their conditions,
those who believe
change
is impossible?
It makes no difference
There's nothing but
you, and you
Only when you become explicit,
when you
question me, and I
answer, when there's
an exchange   Only then is there language
only then are we human
And this doesn't happen
very often?

No, most everything
remains difference, without seeing
the difference
Will we talk again some time?
Yes

Do you believe change is possible?
Yes, that too

the hyacinth you
gave me
is budding
in the weak gray light
of the window
Tranquil there
it grows very
slowly
Its leaves
a dark-green
slender hand
around
the still
colorless bud

Dyrön; 1981

Summer has turned now; the
          bright rushing turns
At the black rock's foot,
toward the sea, sedum
rosea grew; the stone embedded
with red, impure garnets
Gray clouds over the sea, gray haze
out toward Pater Noster; rain
Discussions of Benjamin Lee Whorf; of
time; Russian's various
verb forms;
dissipative structures; later
metaphor and metonymy, analogical
and digital thinking   Rammed into
the rock were bunkers, from
World War II, which did not come
Åstol, clambering with houses;
Klädesholmen, some distance away
I said: first consider the construction
bread for a knife, and then
a knife for bread; or knife for the bread
Time's forms moved, discretely,
               analogously, con-
                    tinuously
It made no difference; beyond
          all these dichotomies
a third term must exist; it cannot

exist in language; or perhaps:

in language alone:

through its growing, strengthening

structures   Debris   Intellectual

wreckage, on the shores of time

The crag is steep, stratified,

folded

We enter its cave, on the floor:

rusty barbed wire, moisture; green lichens;

in one spot bright red-orange algae

Where the folds' forms displayed the most violence

I found a wild strawberry, and a small

snail

whose flat, brown, spiral shell had a hole

on its underside, in the center; was handed

a wild violet

On top of the crag, small ponds

which must have been there since

the Bronze Age;

in these bream may swim   Hardy specimens

of Virgin Mary's keys; wild roses

Sexual clarity; sheer joy

Clear forms; joy that sings

Rain in the night, above the

vaulted

attic room's low ceiling, just overhead;

impossible to stand straight; the beds

banked into the wall; cold

Summer has turned now; will

the dark rushing now come?

In the cleft, under arching ash trees:

                      a large rock

resting on a small stone; resting

                           in turn

against a cone-shaped mass of some

other rock, fibrous, glittering, starkly

                      twisted

Down below it a rivulet coursed;

another path to the harbor, filled with

sailboats and midsummer tourists

From one of the boats came singing

No order here now—aquavit

                        only

On the third day nearly all were gone

Summer has turned now   And I go
deeper inside my mother   She who
bears me, ceaselessly, all
the more deeply into the motion of growth
Wild roses bloom on the mountain
The birds' voices have changed, cry warnings,
the voices of their young, more delicate   Mary
's keys blossom, along-
side night-scented orchids, there
in the narrow glade   In the lake
girls bathe in white suits   I
walk by in wooden shoes, my footing uncertain
I think about the unfinished, the construction
of what is, which is also
the world, as an aspect of this building
that also is born from my mother, as she too
is a part of the growing, and
of the dying; for if death were not
everything soon would be finished
Storeys, structures, in all directions, from
all directions   Direction there is none
To describe the four-dimensional ball of the wavering
orders requires many more than four dimensions
The first small chanterelles are here   Perhaps I can't
finish anything, but I reason:
that is not for me to decide
but for her, mother of the orders of growth   I
am born from her cry   The foliage, still light, is fragrant
I pick flowers, midsummer flowers, hawkweed,
two kinds of clover, vetch,

buttercups, oxtongue, corn mayweed   Hell and Paradise

are only limited aspects of the large construct

we chance to pass through only for a time

Even the huge cosmic man, whose spine is

the axis of the universe, also shall pass

I don't know how Gödel imagined the larger construct

All I know is that his image won't be the last

In my mother are no contradictions   She looks at me

I can't speak with her   She never answers   She

cannot answer   But every part of my voice

is born from her   And is part of the world in its growth

Each little splinter of voice   Address alone is possible

Because if we did not speak, if all creation—each being

and thing in existence—did not speak, neither would she

exist   She would not know of her own existence

For she sees her child   When her dark eyes see her child

even her invisibility quickens   I know that

she also looks at us with the eyes of judgment, straight through

the underworld down to the bottom of Hell   To that which under-

lies Hell   She prays for us, the doomed   She alone and no

other   The luminous night fills with the night orchid's scent   Moths

are still awake, while the birds sleep, a short time

In deepest Hell all are awake   The stars spiral, turn,

join in dance   The great eyes are dark now, and still

Seeing your smile, as if it
had never existed
The face a veil of clouds
Rushing, surging

Only you, with your eyes
of shadow, spiderweb-
thin, can heal
my eyes
Your eyes which are not
unendurable

The darkness breathes, breathes
earth
I am drunk on scents
Skin, milk, shadow

Shadow, crystal   Living
skin, mother
Your hair is rough under
my hand
The scent of your head
a bit acrid, sweat
The skin under your eyes has
the utmost softness

You were shadow
crystal   Now
you're alive   And you touched me
so that I was alive

too, as
shadow, crystal
The milk of light effaces me
I drink like a babe

No one intercedes
It all happens here
between heaven and earth

Until they both
change places   Darkness, white
trembling earth

The eyes of the sick look at us   We
burn, already we are coal
The eyes of those near death look at us
Already we are ash, white
We are the milk of the dead
the earth of the sick

Mourning Cloak

I

Saw a Mourning Cloak today
large, lovely, in the woods
in the dark glade
between tall trees
beside the big anthill
It flew like a little bird
its bright border gleaming
I let it settle down
beside me, where I
squatted near the stone
Its wings a dark brown-red, veined
then the band of pearls glowing
in blue, and the outermost border, yellow as cream
The front edges of the wings gently curved, somewhat
                                        speckled
behind each wing-tip a little spine
the abdomen very hairy
I watched it there, a long time, before
I reached out my hand
and touched the dry grass
Then it flew up quickly, upward, away

II

Someone wrote me that
thinking of what the adversary was like

he had emotional
sympathy for the annihilations

III

I push through the earth now
earth transparent, white
                                earth
Earth supreme
in its terrifying majesty

IV

It is night, morning
Day, the sun is
high, higher
Quick birds
through new leaves   Willow warblers,
                            green
The alders bursting half-
way into leaf, their leaves nearly black
The maples' light green blossoming crowns
I taste their honey
From the cleft under
the Iron Age fortress by the water
their scent comes   Blackthorn
blooming against the hot rock
At the bottom of the cleft

wood anemones, a black thrush
                    grubbing
Farther down the hillside the slender,
                    glittering brook
in the dark ravine, between spruces
Solomon's seal almost open
The pine's foot an enormous
                    dragon's tail against the rock
Everything still clear, transparent
Everything with a sliver of cold

                    V

We are no longer children
Not even the shadow of a child
The morning is immense   Gray dew   Light
In the silence that has opened
How the birds cry!
The birds cry of shadow
The heart cries of darkness
Sexual pain   Immense sweetness
Soft shadow, darker and darker
The heart-shadow
Now all is fluid heart
Now your light meets me, halfway
                    to the star
Ignites in the gray dark of the eye
I don't expect it   I
                    don't think about it

Now we stop there   Ablaze
                in the white light
Perpetual motion   Eternal rest
A fused epoch
Shells rest black in the earth
                up in the hills

VI

Forms are
the forms of flowers, of butterflies
in the invisible

VII

Language moves across the complex surface
                of its possibilities
Then falls back
After a brief
consummation   Now all is history
Time congealed,
we dead   Broken
free, alive
What music is born out of
                our bodies?
We emerge from the limitless
We are gnomic
Paradise filled with abysses

The annihilations of meaninglessness
A disconsolate heart, singing,
                    hectically
Only in waiting   Only in silence
Only in obedience, in the face of the music,
                    unforeseen, unconditional
What is the night of the unconditional?
Does annihilation exist there, is it
                    organized?
What's growing here now,
consummate clarity for all?
Then we won't exist
The steps of blind certainty
Unknown ground, moss, grass, rocks
What's moving in the grass? Which
                    annihilations?
A butterfly soars   A bird

VIII

Night's star is dark, clear
Night's eye is dark, clear
No impediment to its vision
No protection against its flight

Words have no limits, thus
they are no longer words
The sea no longer the sea
love no longer love
There's something else between us
so we don't exist   We are others
We are strange mirrors
We are changes in nature, mysterious
Will anything grow from our earth?
The boundless sea grows   How
can we measure it?
We cannot
It's inside the inner balances of our bodies
forever disturbed
The dance has no end
In one hand the sky, in the other the earth
Does the sea grow between us
until it finally disappears?
I don't know   Sometimes
it has retreated
concealed itself
Nothing is constant
Neither is this absence
constant
Words alone are constants
You're in my stomach now, am I in yours?
And rising again, like a
plant, a coil
from the darkness of my throat

Incalculably, beyond

numbers, words

And the order born of this

can't be seen

can't be felt

Have you no meaning, without limits? No!

There is that

which is, also

as if without limits

as if without love

as if without sea

Can I escape this? No!

Do I want to? No!

What is the light that breaks

from your cliff's brow

from your sea's mirror?

I divide your mirror

I divide your sea

I touch your inmost

transparency, your innermost time

Where you are nothing but time

And I split into every color

in the spectrum

before the blinding whiteness

comes   Now I can take

no more!

Now it is over

There is no end

And, from within, your hand

touches me
although this
is impossible

In my body your mountain grows blindingly

I go over your mountain

I said to you,
I am not human
And you
looked at me
and said, no
perhaps you
are not

Then I began to vanish
dissolving from within
until not even
my shell remained
Not even
my skin, the human
shell
And you
touched me
as if I
did not exist

And inside,
inside me
was
night streaming, streaming night
whirling
and starless   Not
a single
human star

When I touched you
with my fingers of night

you, too, dissolved

you were

water

between my fingers

II

Every
word carries
the whole universe

The twilight of spring rain
enters the room
The trees' graybrown smoke rises
between mountains, even
the mountains are growing
slowly in the rain
Between these mountains, in the valley,
below the soil, the still surface
of the groundwater trembles, at rest
In a tree a bird sings
I answer, whistling
this was before the rain,
the sun still in a haze   Now I'll
climb the interior
mountain, until I can see
the interior ocean, there—far away
between islands and mountains
At a very great
distance: the trembling, con-
sonant parallel politics
It came from the same spring, between
                the same mountains
rising between the same
trees' growing roots—

You say I'm naive
I don't dispute this
When I
speak of a possible organization, an
organization that
has never existed before
then I know I am being
naive, discussing
the impossible!
But there's no other way
to speak
if I'm not to hold
people in contempt!
There are no
special solutions
for special people
We are indivisible   Otherwise
we'd have no existence,
or we ourselves would be
murderers, nor are they
exceptional people
Each motion
must come from within—
There is but one
water for all

You, who say yes to
annihilation
in your heart   And also
avow it
with your lips
Before you
I feel despair
and a dark
fear   And
you turn
to me, to
my heart
appealing for
solidarity
with annihilation
And you do so
with an open
face of darkness

Demon colors, dark
brown, black, dirt–
red
Boring deeper
in, with
pain
Full of corruptions!
Faces
eaten away
Touching me in a dream,
with their pus
their wet mouths
The fetal movements
of the
unexpected
Faces like birth
sacs
An alien scent is present
The vapors
of which god?
The sole
vibrating string!
The heart, hanging, quivers
Running river of darkness!
I turned away, hid
my face
When I fell down
no one helped me up
I rise as darkness
I rise

as a demon's face!
When you recoil
pain is born
in my face as well
And my pus, my blood
will touch
your skin, your heart
There are many demons, humans
Your eyes of stone fix on me
The hammer of your gaze
hits me   A chip of human
matter   In the distance a crack
appears, water flows from it   We may
never get through, caught
in the Devil's world   Can I
love you even as a devil?
Here is your dark face, the
blood of your despair
Your lips have the color of blood
I can enter your face
There is nothing other
No one is forcing us
Hell has its freedom too
Malebolge, a district of London
On fire, your face touches mine
Will we form a single flame?
The crack goes straight through Hell
straight through all of earth
through our faces
I also love your averted darkness

A clear form moves in the air

Hell, too, has its structure

is part of the architecture of Heaven

It is built up from below

You spoke about the sleep cure
going around day
after day sunk
in a pill-induced stupor
That you wanted to go out on the town
That some people
only vomited, others
got anxious, or were high
as if on drugs
That you partially became
a new person, but
your memory got worse and worse
Your doctor
had tried it himself, you said, and he,
too, became a
new person
He said to you
last night
that feelings don't count
that as long as one
acted in a proper way
then the feelings
would follow   You
did not really believe
this, you said
but had difficulty contradicting him, because
he said that what you

said was

nonsense

I think he is wrong, I said

I think so too, you said

There is life that
will not give up
Almost annihilated, it picks itself up
and walks
as if for the first time
I have
not forgiven anyone, my-
self
There's nothing to forgive
What's done is done
Our undoings also are done, unforgiven
Like a thin mist
of green
over the sand   Unclear, whether or not it's
alive   Or can there be
new forms of life?
Don't know   I walk, rise
as if almost
nothing had happened
but the annihilation

You sense the light's fragrance   Soon
you are there, standing there
at the foot of the sea

A human cry sounds, resounds
stretches
over the sea surface
out toward
the horizon's ragged edges
The rocks all around keep silence
resting motionless
The light trembles, dances

Now the tensions
come, like humans
wandering
up from the sea
Strain toward
one another, dig in
their heels   The light froths, rushes
in small waves
on the shore

Look, there's G   Carrying his mother
like a lantern
on his back,
her knees ruined, scraped raw
He could not go on
On his temple, a wound

There's H
stomach full of cancer

His mouth speaks of
famine, soldiers, his
Nazi father,
of the Soviet Union's
rescuing Czechoslovakia in '68
Even as he dies
he tries to mold another
in his own image

There's B
his head radiant, eyes
in trance   You come
from the stars
he says   We live
the Resurrection
of all creation   I
drive out devils
Inside his ribcage
his lungs shine bright-red
His breathing is light

I am searching for
leaf buds under
the matted yellow grass
In the woods, blue and yellow
flowers
The sun casts my shadow
over the ground

Throw me, like a shadow
among the glass-clear
shadows of death

The wound bleeding
always, agape,
invisible, gleams
with nonexistent light
And kills people
murders people on
a large scale, daily,
intermittently, at rapidly
closing intervals
I want to see this
with sighted eyes   Wherever
this light, which does not
exist, may come from
It comes from all directions
From below, from inside
From outside, from above, horizontally
or obliquely
from one side   Blood spills
from your body as well! On each
part of your sentient body
the wound will open
Real or unreal—
here these words
have no meaning

A Child Is Not a Knife

Last day in the month of March
Snow falls over
speckled ground, settles
on the branches of the small cherry tree
From the trunk of the pine
lichens glow   Under the snow, under the ground
is the clear, dark
transparent water
I see a forest, broad-leaved, moisture
drifting over half over-
grown temple buildings   The sun's
sign, yellow   A green bird
and a blue bird, conversing
On the ground, ashes, gray   Black
remains of some undetermined
substance   The soldiers are far away
History's leaves grow quickly   The plague
got here late, quickly lungs
bled, disintegrated   Villages
not yet emptied
for work on cocoa plantations
Jesus became God of the sun
Now, once again, the tower
of dead grows   The period
about four hundred years   The killing
takes new forms   New religions, new
salvation   Every day the sun rises

The soldiers of the empire at their outposts
in the central killing   Calling forth
the other empire's growing shadows   Here too
clear as glass, with genuine existence
Death's dominions penetrate one another
Snow falls deeper and deeper, perishes   The war
goes on, it has gone on a long time now   We
are its hostages, its profiteers   The names
also come back   Guatemala, 1954
Guatemala, 1983   Honduras   Nicaragua, the same year
El Salvador, 1932   Now we're led
back four hundred years   The numbers of dead
are so high now that it is not even
possible to implement exploitation
at full capacity   The names of the empires change
Our names change   The child's wing of genocide
grazing your cheek   In an ultimate caress
A child is not a knife   No labyrinth's web
is opening   The man-eating monster is
real   And no pushing it aside, no taking of sides,
can dispel that   The marches, the cries,
ringing like the voices of birds, in very grave distress
Echoing in the kingdom of death   Solidarity of the birds in Hades
There may not be any other   We still live the attempt
There is no reason for us to stop
Hope and despair are interchangeable categories
Who seeks consolation in either of these has already given up
Those people who fight for their lives, also
in great confusion, can do nothing else   For
them nothing exists but freedom's constraint   For some

it is murder, which damns them as humans

No one is without guilt   We ourselves, the doomed, are

singing   Now light's pitch rises   The human voice is alone

Breaking up: that large feeling
in January's rising air
Light follows the clouds and the wind
The light of my life
tears now, tatters, a clear sky
comes, with coldness
clearer light   I love you
I trust in you, in your not
abandoning me   But if you knew, if you could see
who I really am, all that
goes on inside me? The
horrific   How I'm linked with
murder, treachery   That which I bear
in my fragile body of glass, in
a state of perpetual construction
The contemporary
construct of Hell and Paradise, always
unfinished   Who can see into
my abyss as it grows? Paralysis set in
and I had no cure   Saw it
coming, with open eyes, saw all
that caused it, but it was no use   I am
still not free   Objective conditions
do not allow this possibility
What is possible? Is the politics of the impossible
the sole possibility? What more can I do?
Two blocks, distinct variants
of the order of permanent murder   Crys-
talline, magnetic   Their gravitation
draws almost all movements toward them

Those who believe themselves free of this force

don't know what they're doing   Do I know

what I'm doing? I did not in the past

What I cannot give up is the attempt to see   What

ever may happen   Whatever degradations come to life

in my body   I seek out people

who, with the lives of their bodies, help me to see

My eyes are erotic   My intelligence is erotic

All combinations are possible   Do away with the censor

In the end the heart's own impulse remains   And triumphs

Having nothing to do with possible, impossible, freedom, constraint

Which finally are limited categories   With all

meanings possible   Or impossible   Here we go

again   Now, look out! It's entirely possible

that I'm still using rhetoric

I know this is not what I want   Not even

what I really think I'm doing   I obey   And I don't

even know what, until perhaps later   There is no

other way   Those who maintain there is

only use a different kind of rhetoric   Their eroticism another

Freedom is an experience   Or nothing at all   Felt

only on the innermost skin   Its appalling constraint

If I have hurt you, I ask your forgiveness

You alone, human, can give me that

The stylus pierces everyone, pierces his innermost skin

The invisible mountain   Counterpart of constructions

We live the forms of impression, we are skin

Touch me then, with the outermost skin!

We live in all topological dimensions at once

III

Every word
also carries
the whole of death

in the meadow by the shore

at the foot of the cliff

I saw, where wild

strawberries grew, a bird's nest

with three

very small chicks

At first all I saw

was something

moving, so I bent

down, thinking at first

this was some sort

of larva, then

I saw three

beaks open up orange-yellow

with three black

spots in a triangle

on the lower beak's

inside   The chicks were clad

in coarse down that

looked exactly like

dried grass   They were

completely silent

I saw

the beginning of wings on

one of them   I think

they were

lark chicks, but I

don't know   I walked softly

away from there, waited

a while
on the cliff, but
no bird came—

Incalculable: the heart
in death's presence
And the vastness
opening

I can dance there too
no matter how it looks
No matter how much
falsehood remains
in my heart
Come, come
with me, you
who have not
ultimately
given yourself
to falsehood

On the mountain
we'll raise a heart

our fingers the beams
that support
the sun, the stars

I shall crush your power over others
whoever you may be
I'll destroy the power
all hold over others
whoever they may be

Death is no more
nor is life
Only the dance
and then, too,
a slower
dancing   The birds
move in the darkness
wings, eyes,
their beaks glinting
just below hearing
snow
Yes! Yes! Now you
are coming, though I
did not expect
anyone   Your eyes
are startling
You do not smile
You have your eyes'
smile
You laugh, you cry
You say no
You say yes
To death! To life!
Now the bird-
light deepens   You, you
come again, again
And dark you whirl
through the light

The narrow shaft
in to
another existence
The narrowest ray of light
the thinnest wave
photons
Aimed, pointed inward
And I follow it
as if it were
Ariadne's light, even through
the walls of nothing
Little wave, carry me!
Narrow ray, let me also
see the light
of your source

Fagerfjäll, Tjörn, 1986; For Pentti

The rock is covered with brushwood, debris
from making a clearing around the old house
that stands besieged by the forest's growth
Restored, converted to a summer house
for occasional tourists   Here
I searched for the cave in the mountain, its
inward-turned crystal   For a moment
there was music   The voices of the rock
in a monstrous stretto, an infinite
number of voices   During this time
mankind exceeded the count of 5 billion
I go into the other room   Here, things
are better   Inside me impatience   Willing, willing
myself into a larger consciousness, greater knowledge,
planetary, for if we do not attain this
soon we'll no longer be possible
Here then is room for everything   The labyrinth
shifts, rocking on its surfaces of darkness
You built your Minotaur here, on your mountain
At its foot your wife built a three-story
birdhouse for magpies, your last winter
I walk past the Bronze-Age grave, in which you
wanted to lie   Now you lie in Karelia, what's
left of it, within the Finnish nation   We
talked about socialism, was there any solution, would we
do any better, than the capitalists; the existing
socialism, we both knew, was already dead   You were asked

by phone to be Minister of Culture, the candidate of

the People's Democrats   At first you were tempted   I spoke

against it, said, then you're already dead   You vanished

all the more deeply into that landscape, which I now

cannot reach, it's been used, occupied by others, not you

for you are no longer here   I mourn for you

Here on the mountain I play a wooden flute, drown

out the wind, which sings in the trees, in the ships' rigging

A chemical freighter, painted orange, enters the channel

between sheer rocks, islands, in toward Stenungsund

In the crystal cave music sounds   Beyond redemption,

its rhythms lead us to eternity   It goes

deeper than the Minotaur, deeper than the labyrinth, the mountain

itself will dance in the end   I look at its twisted forms

My wife is reading about how stars are born, from

galactic clouds   For her it is a new world, a new

dance   For me, too, in our incomplete knowledge

Which must grow in all directions, also into the cave

of crystal, where the music is born and destroyed, faster and faster

Planetary breathing, forests are burned off, wither, grow back again

Deserts are born, flower   I pick Paleolithic shells,

from a warmer sea, out of a clay slope, in the hills

Barnacles, like huge horses' teeth, on the flat shells

We converse with the black thrush, a few gray feathers on his breast

Åby, Öland; 1982

Beneath the hay-drier's whining,
silence, the soughing of trees, birds
On the Alvar
the whitebeam's leaves turn
their white sides to the wind
Flies buzz in our rooms
The inner room
nearly still, small whimpering sounds
force their way out of a non-existent mouth
The sun is blinding   The heat presses
sweat out of the body's pores
What expression is complete?
We lie together
in a little attic room
under a sloping ceiling
It is warm, as in Paradise
The lowing of the cows wakes us
On the radio the sounds of terror, incom-
plete reports   Newspapers come, their
contents ashen   Inside my forehead
a small insect ticks, death
The flowers we're keying out stand in a little glass
on the table   I am studying Wittgenstein's
philosophical notebooks
where the world emerges, simplified
from infinity   At night
the stars come out   And the nightjar's sound

rises and falls

where we sit, a Chekhovian ensemble

on the grizzled garden furniture

under the huge trees in the summer night

The swallows fly straight through

The cat walks between our legs   Skulls,

skeletons of pigs set out for the eagles

on the Alvar in winter   On the roots of the wild thyme

a small broomrape grows, brown, pale

lilac flowers   What are we doing for those now persecuted,

murdered in terror   People

who assume the right to

live within creative time   Or whatever

it should be called now   Everything is construction

We liquidate everything now   Everything fits

We are complete expressions of life

Tracks on the Alvar, toward the springs   Black terns

over the marsh; over the limestones at the bottom

leeches swim, their undersides green

A raven's feather beneath the dead tree, with

white droppings on its gray boughs,

alone in the center   At Öland's southern cape

three ravens in the meadow   From the tower one sees the low

limestone banks rising out of the sea, studded

with birds   Bound up in tradition,

we have also cast out those now being persecuted

Above the group of bulls in the bird refuge near

Södra Kvinneby avocets are flying,

back and forth, over the pond and

the meadows by the shore   A flock of small waders rises

We get through, wet with fear   At night
you dream of the bulls   We are vulnerable
The corncrake answers us, in the tall grass
On the other side of the Baltic, underground presses are destroyed
the police make raids, hope still exists
within humans   Accept being vulnerable!
Fear helps almost no one
We are here in the ultimate lives of our bodies
negations of the ultimate negation
We are complete parts of the world
We rise up out of infinity
like the limestone flats from the sea   Like the stars
up from the unknown future's ultimate darkness
We are denials of infinity
One day we shall reach all the way there
I hear you cross the threshold   The flowerspikes
of the tall grasses sway back and forth in the wind of Paradise
Soon the hay in the barn will be dry
The drier's intervals grow shorter and shorter each day

What
do I find
then, in the
matrix of
ultimate
alarm?
The world
of zero
is coming
Singing in
full
voice, with
no distinctions
My love
remains
even in the world
of zero
Now my eye
seeks
you, and
there you
are, even in
the world of
zero, with no
distinctions
with no voice
There is no difference
Suddenly you come
a delight of zero
You are the softest darkness

the hardest light
Is there any light
in the world of zero? No

+

There is no
hate, no fear   Not even
in the ultimate alarm, its
warmth, its
cold
Resting in time's
progression of zero
in the space of zero
The voices were silenced long ago
The mountain and the sea
obliterated
The moon obliterated   The sun
Beneath us there's nothing
Not around us
not above us
Everything is of zero
Like perfect sweetness
And faster, more forcefully now
Birth is enormous   We
are birthed   We are the enormous
child of zero
The matrix stretches
The knife the head, coming
Everything is blinding white light

We are our own child
We have no parents
The deep births us
We are the limit of zero
A shock wave of warmth
even in the ultimate annihilation
Outside of this
is the white universe
I search for my connection, here
in the real world
The real world of zero

Do you know me, that I exist?

There is only the ultimate answer

From the cliff at the foot of Skull Mountain
over the water, on the left
a long sandy beach is visible, Lynga Sands
between Vilshärad and Haverdal
on the right the sea, the Kattegat, and
straight ahead Halland's Ridge, and Kullen's crest
severed like an isle of Kimmerian mountains
severed by the horizon   Land   Water
The curvature of the earth   And above us
space vaulting in its greater vastness
We lie in a small cleft, in yellow-brown grass
see the whitebeams' leaves, the junipers   The border
between sea and land is a line, a
curve, partly discontinuous, and with
partial fluctuation, depending
on the motion of the sea   The waves   The tides
Still a definite form, in the basin of space
And turning, turning with a circular motion
The sun burns our skin   I get my first tan
in years   The sea shimmers opalescent blue
At Ringenäs we see a curlew, in a meadow where
hawkweed grows   Inside the off-bounds military zone
The downward-bent beak of the curlew   Its long curve
In the evening the moon's pale form over the sea   We
picked raspberries, for my dying stepfather's
birthday   You took shoots from the Rosa rugosa for
transport to Småland   To Vänneböke, where
the windows, rotting, need painting   And where the stream runs,
                                        whirling,

and has calm stretches, yellow water lilies, a

small waterfowl, seeing us, chatters anxiously, when

we walk by in the evening, all things move toward the sea   The

minor basin   On the beach between Ringenäs Cape and Vilshärad

one night 16 years ago, I stood, looked out over the sea, into

the darkness and toward the copper-colored moon   Heard the seabirds'

long, plaintive cries   Bent in the same curve as the curlew's beak

The first men moved on the moon's surface   Over the sea, white haze,

like milk

Later I touched my father's grave, its stone border, as if

for the first time   Alone   I felt myself sink through the earth

Now I have to defend him there   Along with

my mother's mother and father   We are transferred between

systems of coordinates   Tensors   In December 1984 again I stood

at the graveside   Alone   I had also been looking for

my little brother's grave, older than I, with the same name   But I

couldn't find it   Maybe it's already gone   The dead shall be

abolished from the earth, so this society now demands   I hate

that   People are not even allowed to hold on to their dead   We

are still not obliterated   Everything's resurrected, as from a greater basin

The basin of non-existence embraces all   As if it were

the mother field, transformed   But can it then still give birth?

Then we can't choose our systems of coordinates   We are already described

I have seen, I see, this landscape being transformed   This society

This town, in which soon there won't be any people I know

among the living   Halmstad   And the older towns beneath it

I thought, at the foot of Skull Mountain, it was the same grass

The same wind   Even though the sea had changed   The expanded

basin of space   Attraction's forms   Contours   A girl

in her early teens walks by, her swimsuit cut high at

the thighs, she barely has breasts, her mouth is large   She looks at us

At me   She, too, will change   Toward what completeness we don't know

We are still humans, subjected to death's transformations

Alive   On the shore a black-backed gull and a herring gull eat from the head

      of a cod

New Year's 1986

The cherry tree clad in rime frost
stands with slender limbs
The sky over the rooftops pale blue
In the south the sun is already
half-hidden by clouds   Here
time is prepared   However, whatever
it may be   I myself don't know
I can feel time within me
I can feel, too, when the time
is right   Time to go in
Time to go out   I don't keep track
Time is born inside me
as my own child   I am its   It
is always larger   From
the ventilation system comes
already frozen breath   And rises
through the cherry tree, up toward the pines
which have coarser white clumps, of snow
but overlaid with crystals
The pale blue light fades away   Day is rising
We are serious, full of joy   Even in
spaces, which grow   Thresholds are continually raised
Ehrensvärd saw the plague-stricken junipers
in Skåne, 1795   Field after field
of filigree skeletons, gleaming silver   Here
the pines wait on the nearly bare hillsides
Spruces thinning on the slopes that face southwest

All trees crystallize   In the end, so do we,
though we seem hardier than the trees
I feel the trees' time   I feel my time is coming
Melilotus, gleaming with growing crystals   The memory
of their heavy scent   August's crickets and stars
Bats swooping in the twilight   I can no longer hear
their sound   I may be utterly wrong
I hear time   I hear its pulsating signals
I hear the time of stars, bellowing, in empty space, or
the voice that divides the Plenum   Fullness inconceivable   Fullness
without taste, scent, sound   Still, inconceivably, it touches me
In people's houses the sounds of showers, washing machines, amplifiers
Of what? Of what music? It's important that we do not
imitate   No one can imitate time   Every moment it is
new   Once I heard its heart   Or was it
something else? A machine, or a distant
car passing by   Maybe the train, its vanishing scream
I heard a child's heart   It was I, it was my daughter—
Mozart was playing, with tiny, tiny movements of heart,
of intelligence   And time, liberated, rose   Also like smoke,
breath   The little bird's small pillar of smoke, backlit, gleaming
Little threshold of time   Move in your breathing
It's possible no one will notice, anything, when we pass

For Göran Printz-Påhlson

74

The center of unheard-of, of enormous hopes:
a point in
the heart, a point almost
extinguished   And I know
that even if this is
point zero,
it cannot die   For this is
the limit of life, even
in its very absence
Now the song is stretched, a string,
a thread, in a vast
fabric, of
real events   Real people who
go beyond
the dream, the tower of dreams
All around it wings
shine   Swallows shrill
in the not yet
transparent night, an
unheard-of joy
Now isolation's
boundaries rapidly
narrow   Around the center
around the growing
tower of zero—
Which rises, over the horizon, toward

infinity!

∞

Burge, Öja; 1989

Swifts circle and circle the mast for
radar or radio reconnaissance
at the tip of the cape   In the morning
I survey the landscape, where
the heath grass in one week has changed color,
less red now, the sea's light shifts ceaselessly
I think of Hölderlin's swallows, their shrieks of joy
when the swifts reach here too, in front of
the limestone barn's ruins, the intact window frames,
their geometric wooden traceries modelled perhaps
on an 18th-century pattern, and from inside I see
the house's forms   For Hölderlin
this agrarian world was the central reality
Here a tractor pulls an iron hay-wagon   In most of the houses
and some of the barns now there are summer guests,
city dwellers   From the tower of zero now I see the change
and the changes' changing   The continuous
is a special case of the discontinuous
I reflect   Thus the discontinuous is
the larger world   We are universal, cannot
be otherwise, other than in mutilating
worlds of the imagination as well   There may be an infinite
number of imaginary dimensions   All equally real

On the other side of the water, perhaps the Baltic republics now
will slowly free themselves   The woad's seed-bearing candelabra
by the shore, the waves carry the seeds, in a joint

Baltic ecology   On television I watch a serious Gorbachev
discuss the nationalist conflicts within the Soviet Union,
they must be settled, under the rule of law   His red birthmark gleams
He is still the one who bears hope   But for how long?
Farmers on Gotland have donated equipment   The language here
is archaic, utterly modern   My own language
grows obsolete each moment, isn't empty enough   Then I'll
empty myself, let myself be evacuated   The tree has heart-shaped leaves
Part of the tree has a human form   Branches out like the antlers of a stag

Tree of the runes, lacertines, Sefiroth   Someone put stones on the graves
Who were they that crossed the water, fleeing, or for other reasons?
A curlew ascends, laments   Gray terns dive for my head
I'm musing about language   The boy who cuts our landlady's grass
says something about the approaching thunderstorm   I must ask him again
When I say now the rain is coming, he says, yes, it looks
suspect   And I think of Pentti S., when he used the word
"suspect" about a line or a formulation that didn't quite measure
up, lacking inner radicalism; an echo of his mother tongue, I believed then
At every point to hold language under suspicion   Still, language is all there is
In every form, dynamic   Primeval, each time created new
Each ecology is limitation   Each basin is limitation   Even
                              the basin of all existence
The rotting seaweed is purple   The sea lily's veined marble head a pale lavender

These limestone houses and barns
from the start of the 19th century,
this farmstead first mentioned
on a rune stone, and spelled *Burh*
In the fields there are still cows, sheep

Slowly the land is rising up out of the sea
In Stockviken avocets walk, along with other waders
The inner bay, navigable in the 18th century, now
an isolated bird lake, with an observation tower, where
ornithologists record their sightings in the log
Not I   I have a different mission   What is
it now? I have watched myself start to slide
into empty resignation, in the face of the collapsing socialisms
the victories of capitalism, the inability
to find a replacement   In all this
too, a continual suppression of the suffering
I have seen, in myself as well   For
we are no different   The thread of life goes
very far back   What resistance can I offer?
My gods are the *Vanir*, I think, the spirits
of the earth and of water   The Norns spin their net in the night,
their invisible weave, even to the stars   I read that now
a pulsar's clock might measure for the presence of cosmic
strings   For the presence of an invisible tree, from which
the galaxies hang like fruits, whirling, turning

And if they do not exist? Then it must be a different tree
I look at the cones of the birch, the scales spreading apart
I look at my thumb, a small wound   I approach the edge
of integration, death   What will I see when I get there? Will song be
possible there too? As if it hadn't been for all time?
My string tightens   The higher gods prepare for war
How should the economy be organized? The land's, the waters'?
There are many theories, only one practice   Time, its suffering,
what have I understood of it, of either? We are now witnessing

the dissolution of one empire   The ruler of the other empire
is touring the ruins, accepting the symbols of freedom   Other
economies are preparing to take over   Within me a growing
uneasiness   When evil vanishes, it is as soon replaced
by another evil, as by something better   The raven flies
I have seen all this before   Nothing gets any better
Still I behold the change with joy   What existed before
was evil   As was what remained of it inside of me, remains of
another resignation, streaks of blindness, the weighing of
suffering against suffering, always that of others   That is what blinds

Which of the forms of survival
spread through my body's transformations
straight to the as yet unknown   All that
we do not know   That alone determines
the significance of our knowledge   I follow
the changes in a landscape, for a short time   All too
short for me sufficiently to
understand it   I make comparisons
I look at the flowers and the birds, the rock
Here the limestone flats run some half
a meter below the soil, have been
broken up in the pasture, to release
the groundwater, a bit farther down
I walk along the village road, lined with tall ash trees
I walk out to where the birds are, northward to the bay
alone over the fields   The sheep look at me, attentive
for a time   Evening, but I still hear
crickets and larks   Along the shore, rotten seaweed,
shoals, sandbars   A big flock

of Canada geese takes off   I see avocets,
lapwings, oystercatchers, a multitude of small waders
The grass is wet   The sun sets
over the isthmus in the west   I see church towers,
six or seven, which I try to identify by name
I follow the contours of what I do not know
How can I sense the contours of the unknown?
I don't know   I don't even know if that's what I'm doing
Still, that's what I do, with geometric or topological
intuition   I sense the movements of the forms
I see the images   The picture stones in the landscape,
all their contours effaced, by weathering, lichens
The faces of sculptures weathering   I see a linear
sensibility in the images, still present in the Christian
12th-century reliefs, as on the church wall
in Grötlingbo   I see its tower   Didrik of Bern rides
in heavy armor, of gray stone   The tree has lacertines

A topological sensibility   Is the man in the tree, in Öja,
also Odin in the tree? What do I know of the higher
gods, I, in the underworld, I with the Vanir, and
the goddesses of the underworld? I defy the higher gods
I look at the swallow chicks, small faces over the rim of the nest,
the many nests here under the eaves   I
love swallows, their flight, its geometry, their
round eyes   Each time we leave or enter the house
we step over their droppings   Stepping over
yet another threshold   The avocet I first saw, at a distance,
stood absolutely still, straight, its head high   Right behind it
were the chicks   At first it didn't look like an avocet

Then, on the water, I saw two birds closer by, the
upcurved beaks   One flew up just above the water's surface
In Lärbro's churchyard I bowed my head, first to
the Jewish graves, a small light-colored stone lay
on every one of the black headstones, and then
to the Polish graves, plain wooden crosses, the names
on small metal plates   I recall one of the Jewish names
Jakob Irgang, date of birth unclear, 1928, died 1946
They all came across the sea; in medical transports from the camps
Near the Jewish graves a Monument to the Martyrs, raised
by the Mosaic Congregation of Stockholm, on top of it several stones
Someone I know may have put them there   Light-colored stones
in the labyrinth, topological, linear or nonlinear
Maybe she also laid stones on the Polish graves, in the winter
I'll ask her   I am touching upon what I don't know
I touch the crystals in the rock, the veined sea lily
                        of white, pale lavender stone, and I touch
                            a red stone, polished by the sea

And if my name is Jakob Irgang, long
gone, resting in the earth of Gotland?
But it isn't   Even though I've gone
astray in myself, and in the labyrinth of
contemporary catastrophes, everywhere raging
My mother breaks into my silence   I fight that
all the time, resist it with all my strength
Yet even I preserve the cord to my mother
When the black flowers burned me
I was grazed by Catastrophe's wing, though I didn't
know it then   When I did, I flew

floating an inch above the ground   Soil of pain

Or soil of delight   Soft soil, flowers growing

I long to be there, to caress the soil, as if it were the skin

of your sex, that softness   And with the taste of your sex

What will wake my fury against the continuous catastrophes?

I rest in the inner, gray earth   The gray wing

                         also emerges from below

forces its way out   As from a birth-pod with two lids

Can anything fly with only one wing? No, no living thing

Not among the known forms of life   There are

artifacts, one-winged, birds of death   A pair of wings, then? Yes!

The sign of battle, the battle that is freedom's and love's, infinite softness

The swallow chick lies at the edge of the road, already dusty

In the evening bats' wings are transparent, lit from behind,

from the north, late July, the sky still luminous   I go out,

listen to the sea in the north, above Sandar, a faint rushing

over the wide fields   And a rustling in the American blood poplar

Tiny noises in the damp grass   The sound of the swallow chicks in the nest

The sound of the bats' wings   And, as if deep inside my head,

as if I were hearing a faint echo, of the high, high-pitched sound

                         I once heard

As if we inhabited different folds

                    of the infinite architecture of heaven   Its spaces

              of infinitely many dimensions, still

connected   If only with one another

Notes

Koster, 1973
p. 3

KOSTER: A group of islands, Sweden's westernmost, southwest of coastal Strömstad. Besides the two larger islands (Nord-Koster and Syd-Koster), there are quite a few smaller rocky islets to their west and south. Just south of the islands is a nature reserve, encompassing a seal colony.

ST. PETER'S KEYS: (Swedish *Sankte Pers nycklar*) *Orchis mascula*, in English commonly called male orchis or early purple orchid.

MULLEIN: The one referred to here (Swedish *kungsljus*) is *Verbascum thapsus*, great mullein, which is tall, stalked, and very woolly.

SWALLOWTAIL: (Swedish *makaonfjäril*) *Papilio machaon*, the old world swallowtail; the genus *Papilio* is worldwide, the species *P. machaon* is the sole English member of the family.

TURN OF THE YEAR: as in other Sonnevi texts, the solstice.

Dyrön; 1981
p. 18

Dyrön of the title, Åstol, and Klädesholmen are small islands off the western coast of Sweden; Pater Noster is a group of rocks against which shipwrecks occur, despite the presence of a lighthouse.

BENJAMIN LEE WHORF: linguist known chiefly for the hypothesis that linguistic differences cause cognitive, perceptual, and behavioral differences.

VIRGIN MARY'S KEYS: (Swedish *Jungfru Marie nycklar*) *Dactylorhiza*—formerly *Orchis*—*maculata*, whose common English name is heath spotted orchid.

Summer has turned now   And I go
p. 21

Here as elsewhere, when the Swedish common names of certain flowers (or attributes called up by them) are semantically or contextually significant, I have translated them more or less literally instead of using either Linnaean nomenclature or the common English names:

MARY'S KEYS: See note on Virgin Mary's keys in the poem "Dyrön; 1981."

NIGHT-SCENTED ORCHID (OR NIGHT ORCHID): (Swedish *nattviol*) *Platanthera bifolia*, lesser butterfly orchid.

MIDSUMMER FLOWERS: (Swedish *midsommarblomster*) *Geranium sylvaticum*, wood cranesbill.

Demon colors
p. 40

Author's note: *Malebolge* is a section of Dante's Hell.

A Child Is Not a Knife   p. 49
Author's note: This poem originally appeared in *Dagens Nyheter* [Stockholm's largest morning newspaper] on 21 April 1983.

Fagerfjäll, Tjörn, 1986; For Pentti   p. 62
For the last eight years of his life, the Finnish poet Pentti Saarikoski (2 September 1937–24 August 1983)—see also notes to "Burge, Öja; 1989"—lived in Valsäng, on the island of Tjörn, off the west coast of Sweden. Fagerfjäll (literally Fair Mountain) is another place name on Tjörn; the "mountain" is a small rocky hill. Stenungsund is an industrial center, especially for the petrochemical industry; it is connected by bridges to Tjörn.
Saarikoski made his own minotaur of four or five stones, piled one upon the other, and placed it in the middle of a *trolleborg* or *trojeborg*, a symbolic labyrinth made up of small stones in a winding pattern. Such stone patterns are religious artifacts from the Iron Age and possibly the Bronze Age.
Author's note: This poem first appeared in *Aftonbladet* [one of Stockholm's afternoon newspapers] on 30 August 1986.

Åby, Öland; 1982   p. 64
Åby and Södra Kvinneby are villages on Öland, a Baltic island off the southeast coast of Sweden.
Tracts of limestone steppe, known as the alvar, cover large areas of Öland. Here thin layers of alkaline soil, in which calcicolous plants grow, are interspersed with limestone outcroppings. Sonnevi's "Alvar" is the so-called "Big Alvar" that covers about one quarter of Öland.

From the cliff at the foot of Skull Mountain   p. 70
Most of the places in this poem are located on the western coast of Sweden. Some of the place names have been translated; going from north to south they are: Skallberget (Skull Mountain, which is in Haverdal), Lynga sand (Lynga Sands, a beach running from Haverdal to Vilshärad), Vilshärad, Ringenäs, Halmstad (the only city among these towns), Hallandsås (Halland's Ridge, one thousand feet high, separates the provinces of Halland and Skåne, and juts out into the Kattegat), Kullaberg (Kullen, a rocky hill on a point of land that juts out into the Kattegat south of Hallandsås).
The Kattegat is an arm of the North Sea, between Sweden and Denmark, forty to seventy miles wide.
Vänneböke is in Småland.
The land of the Kimmerians can be found in Book xi of the *Odyssey*.

CARL AUGUST EHRENSVÄRD: (1745–1800), Swedish naval officer, self-taught draftsman, and writer of genius. *Fem dagars resa i Skåne för att se, och hämta rörelse———och förargellse,* the illustrated account of his Scanian journey in 1795, was first published in 1871.

Melilotus, the Latin name, is given in the Swedish text, along with an author's note on the common Swedish names and species; in English these are various kinds of melilots.

Burge, Öja; 1989 p. 79

Gotland is an island in the Baltic Sea, off the southeast coast of Sweden. Most of the places named in this poem are in southern Gotland, south of the isthmus mentioned in the sixth section of the poem. Burge is toward the eastern side of this area; Öja is northwest of Burge and, like many villages on Gotland, has its own church. The radar mast mentioned at the opening of the poem is east of Burge, on a point of land that overlooks Yttre Stockviken (literally Outer Stock Bay); the portion of the bay that was cut off, the "isolated bird lake," is known as Inre Stockviken (Inner Stock Bay). Both are described in the fourth section of the poem. Sandar is part of a shallow bay on the eastern coast, northeast of Burge. Grötlingbo and its church are north of Burge and Öja, somewhat north of the isthmus. Lärbro and its church are in northern Gotland.

The fruits of some species of birch trees are short-cylindric or gherkin-shaped and resemble cones.

The American blood poplar in the final section of the poem is the local name the poet was told for what may be a hybrid between the European black poplar and a Canadian poplar; he believes "blood" refers to its red catkins that flower in the spring.

The Norse Pantheon is divided into two families of gods, the Aesir or higher gods, and the Vanir or lower gods. The Vanir, gods of the air, the waters, and the earth, were deities of fertility; they also became gods of the weather, of crops, and of commerce. The Aesir were gods of warfare and wisdom. The Norns, the female divinities of Fate, spun or wove the destiny of every living being. They dwelled beside the Well of Urd, or Spring of Fate, beneath Yggdrasil's ash, the world-tree. Odin, chief god of the Aesir, hangs himself for nine days and nights in Yggdrasil, the great ash tree, axis of the universe. There he dies, learns the runes, and returns to life.

LACERTINE: (Swedish *drakslinga*) A term used to describe a lizardlike, serpentine, or dragonlike depiction or ornament, occurring individually or as an element in an animal interlace.

In the *Kabbalah*, the *Sefiroth* is the sum of the ten *sefirah*, the emanations of the *En-Sof*, the limitless, hidden and unknowable God. They are often diagrammed as a tree.

PENTTI S.: Pentti Saarikoski (1937–1983), celebrated Finnish poet, classical scholar, and translator of Homer's *Odyssey*, Joyce's *Ulysses*, and many other works. In the language of his own poetry and the various idioms he devised for his translations, Saarikoski made Finnish literary language responsive to the cadences and syntax of the vernacular. (Also see "Fagerfjäll, Tjörn, 1986; For Pentti.")

SEA LILY: A crinoid, a stalked echinoderm.

PICTURE STONES: Freestanding ornamented stones (stelae), dating from ca. 400–800, incised or carved in relief and painted.

DIDRIK OF BERN: Theodoric the Great, ca. 454–526, king of the Ostrogoths and conqueror of Italy.

*

Swedish Contents and Bibliographical Citations

The original Swedish poems (listed in the order in which they appear in this volume) come from the following books, pages as indicated:

DO: *Det omöjliga, 1975*
DUO: *Dikter utan ordning, 1983*
OD: *Oavslutade dikter, 1987*
T: *Trädet, 1991*

∞

Burge, Öja; 1989—T: 8–15   173

Koster, 1973

+

idag för en månad sen
kom vi till ön
försommar, med mörka träd på natten
mot en lysande himmel
Vi mötte
människor, trängde långsamt in
i ön
Stormen kom, slet loss
löv och mindre grenar
från träden   Bladen mot väster
sedan förbrända
av salt   En ö
vi först inte vet något om
blir till en början
mytisk   Varje dag
är ett inträngande
i den okända
materien, jordlager
med musselskal, gamla
ostronskal, jorden
svart   Havet som omger ön
ännu avlägset, fastän
vi ser det, i den grunda viken
i ebb och flod
där strandskatorna går

dagarna i ända   Under stormen
låg de alla
i flock, huvudena
åt samma håll, mot
vinden   Själv sökte jag en modersbild
någonstans
i materien, kanske också
i havet   De mindre öarna
kring den större ön
skyddade
för den bilden   Föreställde mig
att därute födde
snart sälarna, den
kortaste natten
Senare såg vi sälarna, vackra
med levande färger,
några ungar
såg vi inte
I bergsklyftorna, sneda, urgröpta
gångar mot
underjorden, växte
lövträd, ask och ek,
uppe på klipporna
ene, böjt av vinden
Nedanför berget ängar, mellan
hasselbuskar,
orkidéer, Sankte Pers nycklar
Var fanns sprickan
i berget, den mjuka öppningen
till underjorden

Vi flyttade till nästa hus
fyllt av människor,
lågt till taket
ett stort lugn i rummen
Där fanns musiken
Mellan bilderna av mödrar
skakande sina kroppar
i ursinne
steg musiken
lugn, vänd inåt
den mjuka klippan, berget
som rörde sig
Låg på en rak säng
såg på raderna av färgat yllegarn,
vävstolen, som vävde
bilderna   Låg på rygg
som i levitation, i feber
Bortom väggarna
pågick den större diskussionen
som ett mummel
av röster, främmande
som jag kände igen
Hörde mönstren av lögner, om
den definitiva
världen   För världen sedd
någon annanstans ifrån
än inifrån
klippan, den mjuka
klippans hud, genom
dess spricka, dess

ögon, som öppnar för

ljus, finns

bara det finfördelade nätet

av lögner

Den europeiska säkerhetskonferensen

pågick   Det var inte

dess röster jag hörde, men deras

eko, hos

intellektuella, utan

makt   En röst föreställde jag mig

föreställde kanske sig själv

som inkarnationen

av den europeiska makten

Där föreligger

allt färdigt   Öarna ligger utslagna

i det föremålslösa havet

Människor som bor där

saknar makt,

saknar syn

av vad som är makt, vad som är möjligt

att göra   Om sommaren

sprider sig maktens ekon

över ön, hör dem

ropa—"generalplanen"—

—"under operationen"—

organisationernas

folk, förvirrade

pensionatsgäster, turister,

intellektuella   Förlorade

i utspridda syner

som ett moln av fjärilar
På de mindre öarna
växer smultron, violer
saltgräs   Såg ett kungsljus,
i en gångklyfta
fladdrade makaonfjärilen
och man berättade
att dess larver brukade finnas
på angelikan, som också växte
där   Den bofasta
befolkningen, mest
fiskare, och före detta
fiskare, deras hustrur barn, på vintern
isoleringen, trålarna
som i månader
inte kommer in
för isens skull   Synerna
i TV, färg, rösterna
som samordnar allt
i en central syn, bortanför
verkligheten   Blicken ovanför
klippan, och som väntar
tills klippans mjuka öga
försiktigt öppnar sig
för att bränna ut det
med sitt döda
ljus   Vi flyttade
till ett tredje hus, utan rinnande
vatten, avlopp   Det tog lite tid
att lära sig   Huset utsatt för vinden

från det västra havet

Förvirringens syner och röster avtog

inte   Några människor reste,

andra kom   Mödrar

försvann, föddes

på nytt   Jag var

deras barn   När vi kom

stod månen på natten över havet och öarna

i söder   Nu står månen

över det västra havet

och öarnas linje av berg

där   Jag ser i kikaren

på månens

berg, omgivna av hav

utan vatten

Månen är ingens moder

Jorden är livets

mor, havet

är en del av jorden

Havet är grönt, genomskinligt

när det är rent

när inte vattnet från industrierna norrut

kommer in

Vi får skräck för att äta av fisken

På makrillen jag fångade

levde färgerna på ryggen

ett fantastiskt skimrande liv

innan det slocknade

efter ett par minuter

Vildrosorna blommade över hela ön

två korta veckor

i djupskära och nästan vita

varianter   Några dagar efter det

året vände hördes

syrsorna   Natthimlens ljus

dör nu långsamt

och trädens mörker tycks nu

definitivt   I juli

tystnar några av rösterna,

förvirringen stiger

Makten

underminerar allt, gröper ur

allt, tränger upp ur gångarna

från den döda underjorden

Den kommer

från alla håll

Och kroppen i försök till liv

ser sig svävande

i materien, ett ögonblick

ensam

Tills den finner sig vilande

mot en annan kropp

vilande

på klippan, själv

vilande

över underjordens ljus och underjordens mörker

Och klippans former ljuger inte

Växterna och alla varelser

över klipporna

ljuger inte i sina kroppar

Och klippan har ett öga som ser

Klippan under havet har

ett öga som ser

Klippan formas av vinden och vattnet,

av den underjordiska

hettan, av

solens hetta,

och av dess varelser och röster

i det förvirrade försöket

att se, som frigör

materiens primära energi

i det förtvivlade försöket

att se

Men kroppens öga

ser, ler en smula

åt det hela

Snart är vi också borta, all makt

är borta

Nu stiger lärkan i en ensam, smal pelare

av sång, ett ögonblick bär hon

det hela

I

Bara därför
förstår vi varann
för att vi inte
förstår varann

Vems liv? frågade du
Och jag svarade
mitt liv, och ditt
Det finns inga andra liv
Men skillnaderna
mellan människor?
Det finns
bara skillnader
Det gör ingen skillnad!
Människor lever under olika villkor,
inre, yttre
Jag kan inte dela föraktet
mot någon, för då
har du redan instrumentet
Men dom
som inte vill ändra sina villkor,
dom som tror
att varje förändring
är omöjlig?
Det gör ingen skillnad
Det finns bara
du, och du
Bara när du blir tydlig,
när du
frågar mig, och jag
svarar, och sedan
tillbaka   Bara då finns språk,
bara då finns människa
Det händer alltså inte
särskilt ofta?

Nej, det mesta
är ännu skillnad, utan att se
skillnad
Ska vi prata nån mer gång?
Ja

Tror du en förändring är möjlig?
Ja, också det

hyacinthen jag
fick av dig
står i knopp
i det svaga grå ljuset
genom fönstret
Den är stilla där
växer mycket
långsamt
Mörkgröna
är dess blad
en smal hand
kring blom-
knoppen ännu
utan färg

Sommaren har nu vänt; det
    ljusa ruset vänder
Vid den svarta klippans fot,
intill havet, växte
rosenrot; stenen insprängd med
röda, orena granater
Grå moln över havet, grått dis
ut mot Pater Noster; regn
Samtal om Benjamin Lee Whorf; om
tiden; om ryska språkets
verbformer; om
dissipativa strukturer; senare
om metafor och metonymi, analogt
och digitalt tänkande   I berget
fanns insprängda bunkers, från
andra världskriget, som inte kom
Åstol, överklättrat med hus;
längre bort Klädesholmen
Jag sade: tänk dig först konstruktionen
en knivs bröd, och sedan
ett bröds kniv; eller brödets kniv
Tidens former rörde sig, diskret,
                analogt, kon-
                    tinuerligt
Det fanns ingen skillnad; utanför
    alla dessa dikotomier
måste ett tredje finnas; det kan inte

finnas i språket; eller kanske:

bara i språket:

genom den växande, allt starkare

strukturen   Spillror   Intellektuellt

vrakgods, på tidens stränder

Berget är brant, fyllt av lagringar,

veckningar

Vi går in i grottan, på botten

rostig taggtråd, fukt; gröna lavar;

på ett ställe en ljust rödorange alg

Vid veckningens våldsammaste former

fann jag ett smultron, och en liten

snigel

med brun, platt spiralsnäcka, på

undersidan ett hål i centrum; fick

en styvmorsviol

I små dammar på berget

skulle finnas braxen; de måste ha

varit där

sedan bronsåldern   Kraftiga exemplar

av Jungfru Marie nycklar; vildrosor

Sexuell klarhet; ren glädje

Klara former; sjungande, som glädje

På natten regn, över det inåt

välvda taket

precis ovanför huvudet; lågt vindsrum,

omöjligt att stå rak; sängarna

i väggfasta bänkar; kallt

Sommaren har nu vänt; ska

det mörka ruset nu komma?

Klippblocket i klyftan, under
                    ett valv av askar
vilande på en liten sten; i sin tur
                    vilande
vid en toppformad klippspets, av
annat berg, trådigt, glittrande, starkt
                    förvridet
Nedanför rann en liten bäck;
annan väg till hamnen, fylld av
fritidsbåtar, midsommarturister
Från en av båtarna, sjungande
Här är ingen ordning; här
                    finns nu brännvin
På tredje dagen var nästan alla borta

Sommaren har nu vänt Och jag går
djupare in i min mor   Hon som
föder mig, oavbrutet, allt
djupare in, i den växande rörelsen
Vildrosorna blommar på berget
Fåglarnas röster är andra; varningar;
ungarnas spädare röster   Jungfru
Marie nycklar blommar, till-
sammans med nattviol, där
i den lilla gläntan   I sjön
badar flickor i vita baddräkter   Jag
går förbi i träskor, på osäkra fötter
Jag tänker på det oavslutade, bygget
av det som är, som också är
världen, som en aspekt av detta, och
också föds ut ur min mor, som också hon
är en del av detta växande, också
döende, för om inte döden fanns
skulle allt snabbt vara avslutat
Våningar, strukturer, åt alla håll, från
alla håll   Det finns ingen riktning
De svävande ordningarnas fyrdimensionella boll
För att beskriva den krävs fler dimensioner
De första, små kantarellerna har kommit   Jag kan
kanske inte avsluta något, men jag tänker
att det bestämmer inte jag
utan bara de växande ordningarnas mor   Jag
föds ut ur hennes skrik   De ännu ljusa löven doftar
Jag plockar blommor, midsommarblomster, fibblor;
två sorters klöver, något slags vicker;

smörblommor, oxtunga, baldersbrå   Helvetet och Paradiset

är bara begränsade aspekter av det stora bygget

Och vi passerar där igenom, bara tillfälligt

Också den stora världsmänniskan, med universums axel

som sin ryggrad, är något som passerar

Jag vet inte hur Gödel föreställde sig det större bygget

Jag vet bara att inte heller hans bild är den sista

Min mor är utan motsägelser   Hon ser på mig

Jag kan inte samtala med henne   Hon svarar aldrig   Hon

kan inte svara   Men varje del av min röst

föds ut ur henne   Och är del av den växande världen

Varje liten skärva av röst   Bara tilltalet är möjligt

Därför att om inte vi talade, om inte alla varelser

och ting i universum talade, skulle inte heller

hon finnas   Hon skulle inte veta att hon fanns

För hon ser sitt barn   Hennes mörka ögon ser sitt barn

Då blir också hennes osynlighet levande   Jag vet,

hon ser också på oss med domens ögon, tvärs genom

underjorden ner till det lägsta Helvetet   Till det som är

under Helvetet   Hon ber för oss dömda   Ingen annan

gör det   I den ljusa natten doftar nattviolen   Flyn

är ännu vakna, medan fåglarna sover, en kort stund

Lägst ner i Helvetet är alla vakna   Stjärnorna virvlar i

gemensam dans   De stora ögonen är nu mörka, stilla

Ser ditt leende, som om det
aldrig funnits
Ansiktets slöja av moln
Snabbt brusande

Bara du, med dina ögon
av spindelvävstunn
skugga, som läker
mina ögon
Dina ögon som inte är
outhärdliga

Mörkret andas, andas
jord
Jag är drucken av dofter
Hud, mjölk, skugga

Skugga, kristall   Levande
hud, mor
Ditt hår är strävt under
min hand
Ditt huvuds lukt
lite frän, svett
Din hud under ögonen har
yttersta mjukhet

Du var skugga
kristall   Nu
lever du   Men rörde vid mig
så att jag levde

också som
skugga, kristall
Ljusets mjölk utplånar mig
Jag dricker som ett barn

Det finns ingen ställföreträdare
Allt sker här
mellan himlen och jorden

Tills de båda
byter plats   Mörker, vitt
skälvande jord

De sjukas ögon ser på oss   Vi
brinner, är redan kol
De nästan dödas ögon ser på oss
Vi är redan aska, vit
Vi är de dödas mjölk
och de sjukas jord

Sorgmantel

I

Såg idag en Sorgmantel
i skogen, stor, vacker
i den mörka gläntan
mellan höga träd
bredvid den stora myrstacken
Flög som en liten fågel
med den ljusa bården lysande
Jag lät den sätta sig
bredvid mig, där jag
satt på huk vid stenen
Vingarna mörkt brunröda, ådrade
sedan bandet av pärlor i lysande
blått, och ytterst bården, gräddgul
Vingarnas framkanter svagt böjda, lite
                                    spräckliga
bakom varje vingspets en liten tagg
bakkroppen mycket hårig
Såg på den där, länge, tills jag
sträckte fram en hand
och rörde vid det torra gräset
Då flög den upp snabbt, uppåt, bort

II

Någon skrev till mig
att med tanke på hur motståndaren var

hade han känslomässig
förståelse för förintelserna

III

Jag tränger nu genom jorden
den genomskinliga, den
                    vita jorden
Den suveräna jorden
i sin fruktansvärda höghet

IV

Det är natt, morgon
Dag, solen står
högt, högre
Snabba fåglar
genom nya löv   Lövsångare,
                    gröna
Alarnas till hälften ut-
slagna löv nästan svarta
Lönnarnas ljust grönt blommande kronor
Smakar dess honung
Från klyftan under
fornborgen vid vattnet
kommer deras doft   Slån
blommar mot den heta klippan
På klyftans botten

vitsippor, en svart trast
>som bökar

Längre nedanför berget den smala
>glittrande bäcken

i den mörka ravinen, mellan granar

Getrams nästan utslagna

Tallens fot en väldig
>drakstjärt mot klippan

Allt ännu klart, genomskinligt

Allt ännu med en rest av kyla

V

Vi är inte längre barn

Inte heller ett barns skugga

Morgonen är oerhörd   Grå dagg   Ljus

I den öppnade tystnaden

Vad fåglarna skriker!

Fåglarna skriker av skugga

Hjärtat skriker av mörker

Sexuell smärta   Oerhörd ljuvhet

Mjuk skugga, allt mörkare

Hjärtskuggan

Allt är nu flytande hjärta

Nu möter mig ditt ljus, halvvägs
>till stjärnan

Tänds i det grå ögonmörkret

Jag väntar det inte   Jag
>tänker inte på det

Vi stannar nu där   Bränns där
            i det vita ljuset
Evig rörelse   Evig vila
Sammansmält tidsålder
Snäckorna vilar svarta i jorden
                    uppe i bergen

VI

Formerna är
blomformer, fjärilsformer
i det osynliga

VII

Språket rör sig över sina möjligheters
                    komplexa yta
Drar sig sedan tillbaka
Efter en kort
fullbordan   Allt är redan historia
Tiden stelnad,
vi döda
Uppbrutna, levande
Vilken musik föds ut ur
                    våra kroppar?
Vi framträder ur det gränslösa
Vi är gnomiska
Ett Paradis fyllt av avgrunder

Meningslöshetens förstörelser
Ett förtvivlat sjungande hjärta,
hektiskt
Bara i väntande   Bara i tystnad
Bara i lydnad inför musiken, oförutsedd,
obetingad
Vad är det obetingades natt?
Finns där utplåningen, organiserad?
Vad är det som växer, den
fullständiga klarheten för alla?
Vi finns då inte
Den blinda säkerhetens steg
Okänd mark, mossa, gräs, klippor
Vad är det som rör sig i gräset? Vilka
utplåningar?
En fjäril flyger upp   En fågel

VIII

Nattens stjärna är mörk, klar
Nattens öga är mörkt, klart
Det finns inget hinder för dess syn
Det finns inget skydd för dess flykt

Orden har inga gränser, är alltså
inte längre ord
Havet inte längre hav
kärleken inte kärlek
Någonting annat finns mellan oss
och vi finns inte heller   Vi är andra
Vi är främmande speglar
Vi är förändringar i naturen, okända
Ska någonting växa ur vår jord?
Havet utan gränser växer   Hur
kan vi mäta det?
Vi kan inte
Det finns i våra kroppars inre balanser
för alltid rubbade
Dansen har inget slut
I en hand himmelen, i den andra jorden
Växer havet mellan oss så
att det till sist försvinner?
Vet inte   Ibland
har det dragit sig tillbaka
eller gömt sig
Det finns ingen konstans
och inte heller denna frånvaro
är konstant
Bara ord är konstanter
Du finns nu i min mage, finns jag i din?
Och stiger igen, som en
växt, en slinga
ur min strupes mörker?

124

Oberäkneligt, bortanför
talen, orden
Och ordningen som föds ur detta
ser vi inte
känner vi inte
Är du meningslös, utan gränser? Nej!
Det finns detta
som är, också
som om utan gränser
som om utan kärlek
som om utan hav
Kommer jag bort från detta? Nej!
Vill jag komma bort från detta? Nej!
Vilket ljus bryter fram
från din klippas panna
från ditt havs spegel
Jag klyver din spegel
Jag klyver ditt hav
Jag rör vid din innersta
genomskinlighet, tid
Där du är ren tid
Och jag splittras i spektrums
alla färger
innan den bländande vitheten
kommer   Nu klarar jag
inte mera!
Nu är det slut
Det finns inget slut
Och inifrån rör mig

din hand
fastän det är
omöjligt

Ditt berg växer bländande i min kropp

Jag går över ditt berg

Jag sa till dig
jag är ingen människa
Och du
såg på mig
och sa, nej
kanske är du
ingen människa

Då kände jag mig försvinna
upplösas inifrån
tills inte ens
skalet fanns kvar
Inte ens
huden, skalet
av människa
Och du
rörde vid mig
som om jag
inte fanns

Och inne
i mig
fanns
strömmande natt, strömmande natt
virvlande
och utan
stjärnor   Ingen
människas
stjärnor

när jag rörde vid dig

med mina fingrar av natt
upplöstes du också
och jag hade dig
som vatten
mellan mina fingrar

II

Varje
ord bär på
hela universum

Vårregnets skymning
kommer in i rummet
Trädens gråbruna rök mellan
ergen stiger, men också
bergen är i växande långsamt
under regnet
Mellan bergen, i dalen,
under jorden, finns vilande
darrande, den stilla grundvattenytan
Fågeln sjunger i trädet
jag svarar visslande
det var innan regnet
med solen ännu i dis   Jag ska nu
gå uppför det
inre berget, tills jag ser
det inre havet, där långt borta
mellan öarna och bergen
På mycket stort
avstånd finns den darrande
samklingande parallella politiken
Detta kom från samma källa, mellan
                    samma berg
stigande mellan samma
träds växande rötter—

Du säger att jag är en naiv människa
Jag bestrider det inte
När jag
talar om en möjlig organisation, en
organisation som
aldrig förut funnits
då vet jag att jag är
naiv, talar
om det omöjliga!
Men det finns inget annat sätt
att tala!
Om jag inte
ska hamna i människoförakt
Det finns inga
särskilda lösningar
för särskilda människor
Vi är odelbara   Annars finns
vi inte alls,
eller tillhör vi
mördarna, som inte heller dom
är särskilda människor
Varje rörelse
måste komma inifrån—
Det finns ett
vatten för alla

Du, som säger ja till
förintelsen
i ditt hjärta   Och också
bekänner det
med dina läppar
Inför dig
känner jag förtvivlan
och en mörk
rädsla   Och
du vänder dig
till mig, till
mitt hjärta
för att vädja om
solidaritet
med förintelsen
Och gör det
med öppet
ansikte av mörker

Demonfärger, mörk-

bruna, svarta, smuts-

röda

Borrar sig djupare

in, smärt-

samt

Fullt av korruptioner!

Sönder-

frätta ansikten

Rör vid mig i drömmen,

med sitt var

med våta munnar

Det oväntades

foster-

rörelser

Ansikten som födsel-

säckar

En främmande lukt kommer

Vilken

guds ånga?

Den enda

vibrerande strängen!

Hjärtat, upphängt, darrar

Rinnande flod av mörker!

Vek undan, dolde

mitt ansikte

När jag föll på marken

hjälpte ingen mig upp

Reser mig som mörker

Reser mig

som demonansikte!
När du ryggar tillbaka
föds smärtan
också i mitt ansikte
Också mitt var, mitt blod
ska röra vid
din hud, ditt hjärta
Det finns många djävlar, människor
Blickens sten viker inte undan
Du slår mig med din blicks
hammare   Flisan av människo-
materia   På avstånd syns sprickan, med
flödande vatten   Vi ska kanske
aldrig nå fram, fångade
i djävulsvärlden   Kan jag
älska dig också som djävul?
Här finns ditt mörka ansikte, din
förtvivlans blod
Läpparna har färg av blodet
Jag kan gå in i ditt ansikte
Något annat finns inte
Vi är inte tvungna
Det finns också helvetets frihet
Malebolge, en förort i London
Ditt ansiktes brand rör vid min
Ska vi bli gemensam låga?
Sprickan går tvärs genom helvetet
tvärs genom hela jorden
genom våra ansikten
Jag älskar också ditt frånvända mörker

En klar form rör sig i luften
Också helvetet har struktur
är en del av himmelsarkitekturen
Den byggs underifrån

Du talade om sömnkuren

att gå nedsänkt

dag efter dag

i ett tablettrus

Att du ville gå ut på stan

Att några

bara kräktes, andra

fick ångest, eller var höga

som på knark

Att du delvis blev en ny

människa, men

att du mindes allt sämre

Din läkare

hade provat det själv, sa du, och han

blev också en

ny människa

Han hade sagt till dig

i går kväll

att känslorna betydde ingenting

att bara man

handlar på ett riktigt sätt

så kommer

känslorna efter   Du

trodde inte riktigt

på det, sa du

men hade svårt att säga emot, för

han sa att det du

sa var

nonsens

Jag tror han har fel, sa jag

Det tror jag också, sa du

Det finns livet som
inte ger upp
Som nästan utplånat reser sig
och går
som för första gången
Jag har
inte förlåtit någon, mig
själv
Det finns ingenting att förlåta
Gjort är gjort
också det förgjorda är gjort, oförlåtet
Som en tunn dimma
av grönt
över sanden   Obestämt, är det, är det inte
levande   Eller finns det
nya former av liv?
Vet inte   Går, reser mig
som om nästan
ingenting hänt
utom utplåningen

Du känner ljusets doft   Snart
är du framme, står där
vid havets fot

Ropet av människa klingar, klingar
sträcks ut
över havsytan
utåt, mot
horisontens flikar
Klipporna runt om tiger
vilar orörliga
Ljuset skälver och dansar

Nu kommer
spänningarna, vandrande
som människor
upp ur havet
Spänns mot
varandra, tar
spjärn   Ljuset skummande, forsande
i små vågor
mot stranden

Där kommer G   Han bär sin mor
som en lykta
på ryggen,
hennes knän sönderskurade
Han orkade inte
Han har ett sår i tinningen

Där kommer H
med magen full av cancer

Hans mun talar om
svälten, soldaterna, hans
nazistiske far,
om att Sovjetunionen
räddade Tjeckoslovakien 1968
Ända in i sin död
försöker han forma en annan människa
efter sin bild

Där kommer B
med huvudet lysande, ögonen
i trance   Ni kommer
från stjärnorna
säger han   Vi lever
i allt livs uppståndelse, jag
driver ut djävlar
Hans lungor lyser klarröda
innanför revbenen
Han andas lätt

Jag letar efter
knoppblad, under
det gula gräset
I skogen finns blå och gula
blommor
Solen kastar min skugga
över marken

Kasta mig, som en skugga
bland dödens
glasklara skuggor

Det alltid blödande
såret, står öppet,
osynligt, lysande
med ljus som inte finns
Och dödar människor
mördar människor i
stor skala, varje
dag, intermittent, i allt
tätare intervaller
Jag vill se detta
med seende ögon   Varifrån
detta ljus, som inte
finns, än kommer
Det kommer från alla håll
Underifrån, inifrån,
Utifrån, ovanifrån, horisontellt
eller snett från
sidan   Du blöder också
ur din kropp! På varje
del av den kännande kroppen
ska såret öppna sig
Verkligt eller overkligt
är här ord
som saknar betydelse

Ett barn är ingen kniv

Sista dagen i mars månad
Snön faller över den
fläckade marken, lägger sig
på det lilla körsbärsträdets grenar
Från tallstammen lyser
gröna lavar   Under snön, under marken
finns det klara, mörkt
genomskinliga vattnet
Jag ser en skog, med breda blad, fukt
drivande över halvt över-
vuxna tempelbyggnader   Solens
tecken, gult   En grön fågel
och en blå fågel, samtalar
På marken aska, grå   Svarta
rester av någon obestämd
materia   Soldaterna är långt borta
Historiens blad växer snabbt   Hit
nådde pesten sent, snabbt
sönderblödande lungor   Byar
som ännu inte tömts
till arbete på kakaoplantagerna
Jesus blev solens Gud
Nu växer ännu en gång
tornet av döda   Perioden
cirka fyrahundra år   Dödandet
har nya former   Nya religioner, ny
frälsning   Varje dag stiger solen

Imperiets utpostsoldater

i det centrala dödandet   Manar fram

det andra imperiets växande skuggor   Också här

glasklara, med verklig existens

Dödens riken genomtränger varandra

Snön faller allt djupare, förintas   Kriget

pågår, det har nu pågått mycket länge   Vi

är dess gisslan, dess profitörer   Namnen

kommer också tillbaka   Guatemala, 1954

Guatemala, 1983   Honduras   Nicaragua, samma år

El Salvador, 1932   Vi leds nu

fyrahundra år tillbaka   Dödstalen

är nu så höga, att inte ens

exploateringen är möjlig att genomföra

med full kapacitet   Imperiernas namn växlar

Våra namn växlar   Folkmordets barnvinge

rör vid din kind   I en yttersta smekning

Ett barn är ingen kniv   Ingen labyrints väv

öppnas   Det människoätande monstret är

verkligt   Och ingen bortträngning, inget partitagande,

kan få bort det   Marscherna, ropen,

klingande som fågelröster, i en mycket stor ängslan

Ekande i dödsriket   Hadesfåglarnas solidaritet

Det finns kanske ingen annan   Vi lever ännu försöket

Det finns ingen anledning att upphöra

Hoppet och förtvivlan är utbytbara kategorier

Den som söker tröst i någon av dessa har redan gett upp

De människor som slåss för sina liv, också

i en stor förvirring, kan inget annat   För

dem finns bara frihetens tvång   För några

också i mordet, som gör dem fördömda som människor

Ingen är utan skuld   Det är vi själva, dömda, som

sjunger   Nu stiger ljusets ton   Rösten är ensam

Den stora känslan av uppbrott
i den stigande januariluften
Ljuset följer molnen och vinden
Mitt livs ljus
rivs nu i trasor, klar himmel
kommer, med den köld
klarare ljus   Jag älskar dig
Jag litar till dig, att du inte
överger mig   Men om du visste, om du såg
vem jag verkligen är, allt det
som finns i mitt inre? Det
hemska   Mina förbindelser med
mordet, sveket   Det som jag bär
i den sköra kroppen av glas, som
befinner sig i oupphörlig konstruktion
Det samtida
Helvetes- och Paradisbygget, alltid
oavslutat   Vem kan se in i
min växande avgrund? Förlamningen kom
och jag hade inget botemedel   Såg den
komma, med öppna ögon, såg alla dess
orsaker, men det hjälpte inte   Jag är
ännu inte fri   De objektiva förhållandena
är inte sådana, att det är möjligt
Vad är möjligt? Är bara det omöjligas politik
möjlig? Kan jag någonting annat?
Två block, skilda varianter
av det permanenta mordets ordning   Av
kristall, magnetiska   Deras gravitation
drar till sig nästan alla rörelser

De som tror sig fria från detta vet inte vad de gör

Vet jag då vad jag gör? Jag har

inte gjort det i det förflutna

Det jag inte kan ge upp är försöket att se   Vad

som än händer   Vilka förnedringar som än föds

i min kropp   Jag söker mig till människor

som hjälper mig att se, med sina kroppars liv

Jag har erotiska ögon   Mitt förnuft är erotiskt

Alla kombinationer är möjliga   Avskaffa censuren

Till sist kommer ändå hjärtats impuls   Den segrar

Och har inget att göra med möjligt, omöjligt, frihet, tvång

Som till sist är begränsade kategorier   Med alla

betydelser möjliga   Eller omöjliga   Nu är vi där

igen   Se nu upp! Jag begagnar mig fortfarande

av retoriken, fullständigt möjlig

Jag vet, det är inte det jag vill   Inte ens det

jag verkligen tror mig göra   Jag lyder   Och vet inte

ens vad, förrän kanske i efterhand   Det finns inget

annat sätt   De som hävdar detta

hävdar bara en annan retorik   Deras erotik en annan

Friheten är en erfarenhet   Annars ingen   Och känd

bara på den innersta huden   Dess fruktansvärda tvång

Har jag gjort dig illa, så ber jag om förlåtelse

Det finns bara du, en människa, som kan ge mig den

Skrivaren genomtränger varje människa, på den innersta huden

Det osynliga berget   Konstruktionernas motstycke

Det vi lever är själva avtryckets former, som hud

Rör då vid mig, med den yttersta huden!

Vi lever samtidigheten av alla topologiska dimensioner

III

Varje ord
bär också på
hela döden

Såg på strandängen
nedanför klippan, där
det växte
smultron ett fågelbo
med tre
mycket små ungar
Såg först bara
något som
rörde sig, så jag böjde mig
ner, trodde först
det var något slags
larver, sen
såg jag tre
näbbar öppna sig orangegult
med tre svarta
fläckar i triangel
på näbbens nedre
insida   Ungarna var klädda
i grova fjun som
exakt liknade
torkat gräs   Dom var
alldeles tysta
Såg
början till vingar på
en av dem   Tror
det var
lärkungar, men jag
vet inte   Gick tyst
därifrån, väntade

en stund
på klippan, men
ingen fågel kom—

Hjärtats oberäknelighet
inför döden
Och det väldiga
som öppnar sig

Där kan jag också dansa
hur det än ser ut
Hur mycket lögn
som än finns
i mitt hjärta
Kom, kom
du också
som inte
definitivt
tillhör lögnen

På berget
reser vi ett hjärta

våra fingrar är strålar
som uppbär
solen, stjärnorna

Jag ska krossa din makt över andra
vem du än är
Jag ska krossa
allas makt över andra
vilka de än är

Döden finns inte mer
och inte livet
Bara dansen
och sedan också
långsammare
dans   Fåglarna
rör sig i mörkret
vingar, ögon,
näbbarnas ljus
strax under hörseln
snön
Ja! Ja! Nu kommer
du, fastän jag
inte väntade
någon   Du har
oväntade ögon
Du ler inte
Du har ögonens
leende
Du skrattar, du gråter
Du säger nej
Du säger ja
Till döden! Till livet!
Nu djupnar
fågelljuset   Du, du
kommer igen, igen
Och virvlar mörk
genom ljuset

Det smala spjutet
in till
en annan tillvaro
Den smalaste ljusstrålen
den tunnaste vågen
fotoner
Riktad, riktad inåt
Och följer den
som om den var
Ariadneljuset, också genom
intets väggar
Lilla våg, bär mig!
Smala strimma, låt mig se
också din
källas ljus

Fagerfjäll, Tjörn, 1986; Till Pentti

Berget är täckt av ris, bråte
från uthuggningen kring huset, gammalt
men inträngt av den växande skogen
Restaurerat, omgjort till sommarhus
för tillfälliga turister   Här
sökte jag efter grottan i berget, dess
inåtvända kristall   Ett ögonblick
klingade musiken   Bergets stämmor
i en ohygglig trångföring, oändligt
antal stämmor   Mänskligheten passerade
under denna tid talet 5 milliarder
Jag flyttar till det andra rummet   Här är
det bättre   Inne i mig otålighet   Vill, vill
till ett större medvetande, större kunskap,
planetärt, för om vi inte når detta
blir vi snart inte längre möjliga
I detta finns då plats till allt   Vaggande
rör sig labyrinten över sina ytor av mörker
Du byggde din Minotauros på ditt berg, här
Vid dess fot byggde din hustru ett fågelhus i
tre våningar för skatorna, din sista vinter
Jag passerar din bronsåldersgrav, där du
ville ligga   Nu ligger du i Karelen, det som
är kvar av det, inom den finska nationen   Vi
talade om socialismen, om det fanns någon lösning, om vi
skulle klara det bättre, än kapitalisterna, den
existerande socialismen var ju redan död   Du erbjöds

i telefonen bli kulturminister, folkdemokraternas
kandidat   Du var ett ögonblick frestad   Jag talade
mot det, sa att då är du redan död   Du försvann
allt djupare in i detta landskap, som jag nu
inte når, redan förbrukat, ockuperat av andra, inte du
för du finns nu inte här längre   Jag sörjer dig
På berget här spelar jag på träflöjten, över-
röstar vinden   Vinden sjunger i träden, i fartygens riggar
Kemifartyget, orangemålat, går in i farleden,
mellan branta berg, öar, in mot Stenungsund
I grottan av kristall klingar musiken   Den är för oss
ohjälplig, dess rytmer för oss mot evigheten   Den går
djupare än Minotauros, djupare än labyrinten, själva
berget ska till sist dansa   Jag ser dess förvridna former
Min hustru läser om stjärnornas födelse, ur
de galaktiska molnen   För henne är det en ny värld, en ny
dans   För mig också, i vår ofullbordade kunskap
Den som måste få växa åt alla håll, också inåt grottan av
kristall, där musiken föds och förintas, allt snabbare
Planetär andning, skogar bränns bort vissnar, växer upp igen
Öknarna föds, blommar   Snäckor från äldre stenålderstid,
ur ett varmare hav, plockar jag i lerbranten, bland bergen
Havstulpanerna som väldiga hästtänder, på de flata snäckorna
Vi talar med den svarta trasten, med några grå fjädrar på bröstet

Åby, Öland; 1982

Under hötorkens inande
tystnaden, trädens sus, fåglarna
På Alvaret
vänder vitoxelns blad
vitsidan mot vinden
Flugorna surrar i rummen
Det inre rummet
nästan tyst, små kvidande ljud
tränger ut, ur en icke-existerande mun
Solen bländar   Värmen pressar ut
svetten ur kroppens porer
Vilket uttryck är fullständigt?
Vi ligger med varandra
i det lilla rummet på vinden
under det sneda taket
Det är varmt, som i Paradiset
Kornas råmanden väcker oss
I radion terrorns ljud, ofull-
ständiga rapporter   Tidningarna kommer med
blekta innehåll   Innanför pannan
tickar en liten insekt, döden
Blommorna vi examinerar står i ett litet glas
på bordet   Jag studerar Wittgensteins
filosofiska anteckningsböcker
där världen växer fram, förenklad
ur oändligheten   Om natten
kommer stjärnorna   Och nattskärrans ljud

höjer sig och sänker sig

där vi sitter, ett tjechovskt sällskap

vid den grånade trädgårdsmöbeln

under de stora träden i sommarnatten

Svalorna flyger rakt igenom

Katten går mellan benen på oss   Gris-

kranier, skelett, utlagda åt örnarna

på Alvaret under vintern   På backtimjans rötter

växer en liten snyltrot, brun, blekt

lila blommor   Vad gör vi för dem som nu förföljs,

dödas i terrorn   Människor

som tar sig rätten till

att leva i skapande tid   Eller vad man nu

ska kalla det   Allt är konstruktion

Vi likviderar nu allt   Allt passar in

Vi är fullständiga uttryck för livet

Spår över Alvaret, mot källorna   Svarta tärnor

över kärret, och över kalkflatorna på botten

simmar iglar, med grön undersida

Korpfjädern under det döda trädet, med

vit spillning på de grå grenarna

ensamt i centrum   Vid Ölands södra udde

tre korpar på ängen   Från tornet syns de låga

kalkstensbankarna ur havet, tätt besatta

av fåglar   De människor som nu förföljs

har vi också stött ut, bundna i traditionen

Över tjurflocken på fågelskyddsområdet vid

Södra Kvinneby flyger skärfläckorna

fram och tillbaka, över dammen och

strandängarna   Flocken av små vadare lyfter

Vi passerar, våta av rädsla   Du drömmer

om tjurarna på natten   Vi står skyddslösa

Kornknarren svarar oss, i det höga gräset

På andra sidan havet sprängs underjordiska tryckerier,

polisen gör razzior, hoppet finns ännu

hos människorna   Acceptera att stå skyddslös!

Rädslan hjälper nästan ingen människa

Vi finns här i våra yttersta kroppars liv

negationer av den yttersta negationen

Vi är fullständiga delar av världen

Vi lyfts upp ur oändligheten

som kalkflatan ur havet   Som stjärnorna

upp ur den okända framtidens yttersta mörker

Vi är förnekelser av oändligheten

Vi ska en gång nå ända dit

Jag hör dig gå i dörren   De stora gräsens

blomax vajar fram och tillbaka i Paradisets vind

Snart är höet i ladan torrt

Hötorken går i allt kortare perioder under dygnet

Vad

finner jag

då, i den

yttersta

ängslans

matris?

Världen

av noll

kommer

Sjunger med

fullständig

röst, utan

skillnader

Min kärlek

står kvar

också i världen

av noll

Nu söker mitt

öga

dig, och

där finns

du, också i

världen av

noll, utan

skillnader

utan röst

Det är ingen skillnad

Häftigt kommer du

som en ljuvhet av noll

Du är mjukaste mörker

hårdaste ljus
Finns något ljus
i världen av noll? Nej

+

Det finns inget
hat, ingen rädsla   Inte ens
i den yttersta ängslan, dess
värme, dess
köld
Vilar i tidens
progression av noll
i rymden av noll
Rösterna har sedan länge utplånats
Berget och havet
utplånade
Månen utplånad   Solen
Under oss finns ingenting
Inte omkring oss
inte över oss
Allt är av noll
Som fullständig ljuvhet
Och snabbare, häftigare nu
Födelsen är enorm
Vi föds ut   Vi är det enorma
barnet av noll
Matrisen tänjs
Kniven huvudet kommer
Allt är bländande vitt ljus

Vi är vårt gemensamma barn
Vi har inga föräldrar
Djupen föder oss
Vi är begränsningen av noll
Störtvågen av värme
också i den yttersta utplåningen
Utanför detta
finns det vita universum
Jag söker min förbindelse, här
i den verkliga världen
Den verkliga världen av noll

Vet du av mig, att jag finns?

Det finns bara det yttersta svaret

Från klippan vid Skallbergets fot

över havet, syns till

vänster den långa sandstranden, Lynga sand

mellan Vilshärad och Haverdal

till höger havet, Kattegatt, och

rakt fram Hallandsås, och Kullaberg

avskuret som en ö av Kimmerierberg

avskuret av horisonten   Land   Hav

Jordens välvning   Och över oss

rymdens välvning, i sin större väldighet

Vi ligger i skrevan, i det gulbruna gräset

ser vitoxlarnas blad, enarna   Gränsen

mellan hav och land en linje, en

kurva, delvis diskontinuerlig, och med

partiell fluktuation, beroende

av havets rörelser   Vågorna   Tidvattnet

Ändå en bestämd form, i rymdens bäcken

Och vänds, vänds, i sin cirkulära rörelse

Solen bränner vår hud   Jag får den första solbrännan

på många år   Havet skimrar i blått och opal

Vid Ringenäs ser vi storspoven, på ängen med

fibblor   Innanför det militära skyddsområdet

Storspovens böjda näbb   Dess långa kurva

På kvällen månens bleka form över havet   Vi

plockade hallon, till min döende styvfars

födelsedag   Du tog skott av vresrosor, att

transportera till Småland   Till Vänneböke, där

fönstren, murknande, behöver målas   Och där än rör sig,

virvlande,

och med lugna partier, gula näckrosor, en

liten andfågel, som ser oss, pratar oroligt, när

vi går förbi om kvällen, allt på väg mot havet   Det

mindre bäckenet   På stranden mellan Ringenäs udde och Vilshärad

stod jag en natt för 16 år sedan, såg ut över havet i

mörkret och mot den kopparfärgade månen   Hörde sjöfåglarnas

långa, klagande rop   Böjda i samma kurva som spovens näbb

De första människorna rörde sig på månens yta   Över havet vitt dis,

som mjölk

Senare rörde jag vid min fars grav, stenlisten, som

för första gången   Ensam   Jag kände mig sjunka genom jorden

Jag har nu att försvara honom där   Tillsammans med

min mormor och min morfar   Vi förflyttas mellan

koordinatsystemen   Tensorer   I december 1984 stod jag åter

vid graven   Ensam   Jag hade också sökt efter min

lillebrors grav, äldre än jag, med samma namn   Men jag

fann den inte   Kanske är den redan borta   De döda ska

avskaffas ur jorden, kräver nu detta samhälle   Jag hatar

detta   Att människorna inte ens får behålla sina döda   Vi

utplånas ändå inte   Allt återuppstår, som ur ett större bäcken

Icke-existensens bäcken omsluter allt   Som om det var

modersfältet, transformerat   Men kan det då längre föda?

Vi väljer då inte koordinatsystem   Vi är redan beskrivna

Jag har sett, ser, detta landskap transformeras   Detta samhälle

Denna stad, där det för mig snart bara finns okända människor

bland de levande   Halmstad   Och de äldre städerna   Under den

Jag tänkte, vid Skallbergets fot, att det var samma gräs

Att det var samma vind   Om också havet var förändrat   Rymdens

vidgade bäcken   Attraktionsformerna   Konturerna   En

flicka går förbi, i de lägre tonåren, med baddräkten högt skuren

vid låren, har knappt ännu bröst, stor mun   Hon ser på oss

På mig   Också hon ska förändras   Vi vet inte i vilken fullständighet

Vi är ännu människor, underkastade dödstransformationerna

I livet   Vid stranden äter havstruten och gråtruten av torskhuvudet

Nyåret 1986

Det rimfrostklädda körsbärsträdet
står med smala grenar
Himlen över hustaken blekt blå
I söder är solen redan
till hälften i moln   Här
förbereds tiden   Hur, vad
den än är   Själv vet jag inte
Jag har känslan av tid
Jag har också känslan av vad som är
rätt tid   Tiden att gå in
Tiden att gå ut   Jag räknar inte
Tiden föds inne i mig
som mitt eget barn, och jag dess   Det
är alltid större   Från
ventilationsaggregatet kommer
redan frusen andedräkt   Stiger
genom körsbärsträdet, upp mot tallarna
som har grövre vita klungor, av snö
men med kristaller överlagrade
Det ljust blå ljuset mattas   Dagen stiger
Här är allvar, glädje   Också i
de växande rummen   Trösklarna höjs oavbrutet
Ehrensvärd såg enarnas digerdöd
i Skåne 1795   Fält efter fält
av silverlysande filigransskelett   Här
väntar tallarna på de nästan nakna bergen
Granarna glesnar i sluttningarna mot sydväst

Alla träd kristalliserar   Till sist också vi,

fastän vi tycks härdigare än träden

Känner trädens tid   Känner min tid nalkas

Melilotus, lysande av växande kristaller   Minnet av

den tunga doften   Augustis syrsor, stjärnor

Fladdermössen svepande i skymningen   Deras ljud

hör jag inte längre   Jag kan ta ytterligt fel

Jag hör tiden   Jag hör dess pulserande signaler

Jag hör stjärntid, vrålande, i den tomma rymden, eller

rösten som delar Plenum   Fullheten ofattbar   Fullheten

utan smak, doft, klang   Ändå rör den vid mig, ofattbart

I människornas hus hörs duschar, tvättmaskiner, förstärkare

Av vad? Av vilken musik? Det är viktigt att vi inte

härmar   Tiden kan ingen härma   Den är i varje ögonblick

ny   En gång hörde jag dess hjärta   Eller var det

någonting annat? En maskin, eller en fjärran

passerande bil   Kanske tåget, dess försvinnande skri

Jag hörde barnets hjärta   Det var jag, det var min dotter—

Mozart spelade, med små, små rörelser av hjärta,

intelligens   Och befriad steg tiden   Också som rök,

andedräkt   Den lilla fågelns lilla rök, i motljus, lysande

Lilla tröskel av tid   Rör dig i din andning

Det märks kanske inte, alls, när vi passerar

Till Göran Printz-Påhlson

De oerhörda förhoppningarnas
centralpunkt
i hjärtat nästan
utplånad   Och jag vet
att även om den är
punkten noll
kan den inte dö   För den är
det yttersta livet, också
i själva frånvaron
Sången spänns nu, en sträng, en
tråd, i en väldig
väv, av
verkliga händelser   Verkliga människor, som
går utanför
drömmen, tornet av drömmar
Och vingarna lyser
däromkring   Svalorna skriande
i den ännu inte
genomskinliga natten, en
oerhörd glädje
Snabbt rycker nu
isolationens gränser
allt närmare   Kring centrum,
kring det växande
tornet av noll—
Det reser sig, över horisonten, mot
                oändligheten!

∞

Burge, Öja; 1989

Tornsvalorna kretsar kring masten för
radar- eller radiospaning
ytterst på udden   På morgonen
ser jag ut över landskapet, där
hedgräset på en vecka skiftat färg,
mindre rött, havets ljus skiftar oavbrutet
Jag tänker på Hölderlins svalor, deras glädjeskri
när tornsvalorna kommer också här, framför
kalkstensladans ruin, med kvarsittande fönsterbågar
med geometriskt ordnade spröjsningar, kanske efter
mönster från 1700-talet, och jag inifrån ser
husets former   Att för Hölderlin
var denna agrara värld den centrala verkligheten
Här drar traktorn hövagnen av järn   I de flesta husen
och i en del av ladorna finns nu sommargäster från
städerna   Från tornet av intet ser jag nu förändringen,
och förändringarnas förändring   Det kontinuerliga
är ett specialfall av det diskontinuerliga
tänker jag   Det diskontinuerliga är alltså
den större världen   Vi är universella, kan inte
vara annat, annat än i stympningen
också av det imaginäras världar   Det finns kanske oändligt
många imaginära dimensioner   Alla lika verkliga

På andra sidan vattnet frigör sig nu långsamt, kanske,
de baltiska republikerna   Vejdens frökandelabrar
på stranden, vågorna bär fröna, i en gemensam

173

östersjöekologi   I televisionen ser jag en allvarlig Gorbatjov
tala om de nationella motsättningarna i Sovjetunionen,
att de måste regleras under lagen   Hans röda hudmärke lyser
Ännu så länge är han hoppets bärare   Men för hur länge?
De gotländska bönderna har skänkt jordbruksmaskiner   Språket är
ålderdomligt, fullständigt modernt   Mitt eget språk är
i varje ögonblick föråldrat, inte tillräckligt tomt   Jag
tömmer mig då, låter mig evakueras   Trädet har hjärtformade blad
En del av trädet har människoform   Grenar sig som hjortens krona

Runornas träd, drakslingor, sefiroth   Någon lade stenar på gravarna
Vilka var de som kom över vattnet, flyende, eller i andra ärenden?
Storspoven flyger upp, klagar   De grå tärnorna dyker mot huvudet
Jag undrar över språket   Pojken som klipper värdinnans gräs
säger något om åskvädret som närmar sig   Jag får fråga om
När jag säger att regnet nu kommer, säger han, ja, det ser
misstänkt ut   Jag tänker då på Pentti S, när han använde ordet,
misstänkt, om en rad eller en formulering, som kanske inte höll
måttet, utan inre radikalitet; ekot av hans modersmål, trodde jag då
Att på varje punkt misstänkliggöra språket   Ändå finns bara språket
I varje form, dynamiskt   Uråldrigt, varje gång skapat på nytt
Varje ekologi är begränsning   Varje bäcken är begränsning   Också
                                        allts bäcken
Den ruttnande tången är lila   Sjöliljans ådrade marmorhuvud svagt lila

Det finns kalkstenshusen och ladorna
från början av 1800-talet
gården här första gången omnämnd
på en runsten, stavad *Burh*
På fälten finns ännu kor, får

Långsamt höjs landet ur havet

I Stockviken går skärfläckorna, och de andra vadarna

Den inre viken segelbar på 1700-talet, nu

avskuren fågelsjö, med fågeltorn, där

ornitologerna skriver in sig i journalen

Inte jag   Min uppgift är en annan   Vilken är

den nu? Jag har sett mig själv på glid in

i en uppgivenhet, inför socialismernas sammanbrott

kapitalismens segrar, oförmågan

att sätta någonting i dess ställe   I detta

också en kontinuerlig bortträngning av lidandet

så som jag sett det, också i mig själv   För

vi är inte olika   Strängen av liv går

mycket långt tillbaka   Vad kan jag sätta emot?

Mina gudar är *Vanerna*, tänker jag, jordens och

vattnens andar   Nornorna spinner i natten sitt nät, sin

väv av osynlighet, ända till stjärnorna   En

pulsars klocka mäter nu om det finns kosmiska strängar

läser jag   Om det finns ett osynligt träd, där

galaxerna hänger som frukter, virvlande, svängande

De finns kanske inte   Trädet är då ett annat

Jag ser på björkens kottar, deras fjäll spärras ut

Jag ser på min tumme, ett litet sår   Jag går mot integrationens

egg, döden   Vad ska jag då få se? Blir också där

sången möjlig? Som om den inte varit där, alltid?

Min sträng spänns   De högre gudarna förbereder kriget

Hur ska ekonomin organiseras? Landets, vattnens?

Det finns många teorier, en enda praktik   Tiden, dess

lidande, vad har jag förstått av det, den? Vi ser nu

det ena imperiets upplösning   Det andra imperiets härskare

turnerar i spillrorna, mottar frihetens symboler   Andra

ekonomier förbereder sig för att ta över   I mig en växande

oro   När det onda försvinner kan det lika väl ersättas

av något annat ont, som av något bättre   Korpen flyger

Jag har sett det tidigare   Det gör inte någonting bättre

Ändå ser jag på förändringen i glädje   Det som fanns förut

var ont   Också dess rester inne i mig själv, av

annan uppgivenhet, stråken av blindhet, vägningarna av

lidande mot lidande, alltid andras   Det är det som är bländningen

Vilken överlevnads former

sträcker sig tvärs genom min kropps

förvandlingar, till det ännu okända   Allt det

vi inte vet   Bara det avgör

vår kunskaps innebörd   Jag följer

ett landskaps förändring, en kort tid   Alltför

kort för att jag tillräckligt

ska förstå det   Jag gör jämförelser

Jag ser på blommorna och fåglarna, berget

Kalkflatorna går här någon halvmeter

under jordlagret, på koängen

uppbrutna, för att ge

grundvatten, lite längre ner

Jag går längs bygatan, kantad av höga askar

Jag går ut till fåglarna, i havsviken norrut

ensam över fälten   Fåren ser på mig, med

en tids uppmärksamhet   Kväll, men ännu

syrsor och lärkor   Vid stranden rutten tång,

långgrunt, sandrevlar   En stor flock

kanadagäss lyfter   Jag ser skärfläckor,

vipor, strandskator, en stor mängd små vadare

Det är vått i gräset   Solen går ner

över näset i väster   Jag ser kyrktornen,

sex eller sju, försöker identifiera dem med namn

Jag följer konturerna av det jag inte vet

Hur kan jag känna det okändas konturer?

Jag vet inte   Jag vet inte ens om det är det jag gör

Ändå gör jag det, i en geometrisk eller topologisk

intuition   Jag känner formernas rörelser

Jag ser bilderna   Bildstenarna i landskapet, med

alla konturer utplånade, av vittring, lavar

Skulpturernas ansikten vittrar   Jag ser bildernas

lineära känslighet, ännu kvar i de kristna

relieferna från 11-hundratalet, på kyrkväggen

i Grötlingbo   Dess torn ser jag   Didrik av Bern rider

i tung rustning, av grå sten   Trädet har drakslingor

En topologisk känslighet   Är mannen i trädet, i Öja,

också Odin i trädet? Vad vet jag om de höga

gudarna, jag, i underjorden, jag med Vanerna, med

underjordens gudinnor? Jag trotsar de höga gudarna

Jag ser på svalungarna, deras små ansikten över bokanten

i de många bona under takskägget här   Jag

tycker mycket om svalor, deras flykt, dess geometri, deras

runda ögon   Varje gång vi går ut och in i huset

tar vi ett steg över deras spillning   Steget över

ännu en tröskel   Skärfläckan jag först såg, på avstånd,

stod alldeles rak, stilla, med höjt huvud   Innanför

fanns ungarna   Såg först inte att det var en skärfläcka

Sedan såg jag, på vattnet, två närmare fåglar, den

uppåtböjda näbben   En flög upp tätt över vattnet

På Lärbro kyrkogård böjde jag mitt huvud, först för

de judiska gravarna, en liten ljus sten låg

på var och en av de svarta gravstenarna, och sedan

för de polska gravarna, enkla träkors, med namnet på

en liten metallplatta   Ett av de judiska namnen minns jag

Jakob Irgang, otydligt födelsedatum, 1928, död 1946

De kom alla över havet; i sjuktransporter från lägren!

Vid de judiska gravarna ett monument uppsatt av mosaiska

församlingen i Stockholm, över martyrerna, på det flera stenar

Kanske har någon jag känner lagt dem där   Ljusa stenar

i labyrinten, topologisk, lineär eller icke-lineär

Kanske lade hon också stenar på de polska gravarna, på vintern

Jag ska fråga henne   Jag rör då vid vad jag inte vet

Jag rör vid kristallerna i berget, den ådrade sjöliljan

av vit, svagt lila sten, och vid

en röd sten, slipad av havet

Och om jag själv heter Jakob Irgang, sedan länge

död, vilande i den gotländska jorden?

Men jag gör inte det   Om jag också är

vilsegången i mig själv, och i de samtida

katastrofernas labyrint, rasande omkring mig

Min mor bryter sig in i min tystnad   Det är det

jag hela tiden slåss emot, bjuder emot med all kraft

Ändå bevarar också jag strängen till min mor

När de svarta blommorna brände mig

berördes jag av katastrofernas vinge, fastän jag då

inte visste det   Sedan visste jag, och flög

svävande en tumsbredd över marken   Smärtmarken

Eller ljuvhetsmarken   Mjuk mark, växande blommor

Jag längtar dit, smeker marken, som om den var ditt

köns hud, den mjukheten   Och med ditt köns smak

Hur väcks min vrede, mot de kontinuerliga katastroferna?

Jag vilar i den inre, grå jorden   Också

              underifrån kommer vingen, grå

tränger sig ut   Som ur en födelseskida, med två lock

Kan någonting flyga med bara en vinge? Nej, ingen varelse

Inte bland de kända varelsernas former   Det finns

artefakter, envingade, dödsfåglar   Ett vingepar, alltså? Ja!

Tecknet av strid, kärlekens och frihetens strid, oändliga mjukhet

Svalungen ligger störtad vid vägkanten, redan dammig

Om kvällen är fladdermössens vingar genomskinliga, i motljuset

från norr, himmelsljuset redan sent i juli   Jag går ut,

lyssnar till havet i norr, ovanför Sandar, ett svagt brus

över de vidsträckta fälten   Också den amerikanska blodpoppeln susar

Små ljud i det fuktiga gräset   Svalungarnas ljud i boet

Också fladdermössens vingars ljud   Och som långt inne i mitt huvud,

som om jag hörde ett svagt eko, av det höga, höga ljudet

              jag en gång hörde

Som om vi levde i olika veck

         av den oändliga himmelsarkitekturen   Dess rum

        av oändligt många dimensioner, ändå

förbundna   Om så bara med varandra

The Lockert Library of Poetry in Translation

George Seferis: Collected Poems (1924–1955), translated, edited, and introduced by Edmund Keeley and Philip Sherrard

Collected Poems of Lucio Piccolo, translated and edited by Brian Swann and Ruth Feldman

C. P. Cavafy: Collected Poems, translated by Edmund Keeley and Philip Sherrard and edited by George Savidis

Benny Andersen: Selected Poems, translated by Alexander Taylor

Selected Poetry of Andrea Zanzotto, edited and translated by Ruth Feldman and Brian Swann

Poems of René Char, translated and annotated by Mary Ann Caws and Jonathan Griffin

Selected Poems of Tudor Arghezi, translated by Michael Impey and Brian Swann

"The Survivor" and Other Poems by Tadeusz Różewicz, translated and introduced by Magnus J. Krynski and Robert A. Maguire

"Harsh World" and Other Poems by Ángel González, translated by Donald D. Walsh

Ritsos in Parentheses, translations and introduction by Edmund Keeley

Salamander: Selected Poems of Robert Marteau, translated by Anne Winters

Angelos Sikelianos: Selected Poems, translated and introduced by Edmund Keeley and Philip Sherrard

Dante's "Rime," translated by Patrick S. Diehl

Selected Later Poems of Marie Luise Kaschnitz, translated by Lisel Mueller

Osip Mandelstam's "Stone," translated and introduced by Robert Tracy

The Dawn Is Always New: Selected Poetry of Rocco Scotellaro, translated by Ruth Feldman and Brian Swann

Sounds, Feelings, Thoughts: Seventy Poems by Wisława Szymborska, translated and introduced by Magnus J. Krynski and Robert A. Maguire

The Man I Pretend to Be: "The Colloquies" and Selected Poems of Guido Gozzano, translated and edited by Michael Palma, with an introductory essay by Eugenio Montale

D'Après Tout: Poems by Jean Follain, translated by Heather McHugh

Songs of Something Else: Selected Poems of Gunnar Ekelöf, translated by Leonard Nathan and James Larson

The Little Treasury of One Hundred People, One Poem Each, compiled by Fujiwara No Sadaie and translated by Tom Galt

The Ellipse: Selected Poems of Leonardo Sinisgalli, translated by W. S. Di Piero

The Difficult Days by Roberto Sosa, translated by Jim Lindsey

Hymns and Fragments by Friedrich Hölderlin, translated and introduced by Richard Sieburth

The Silence Afterwards: Selected Poems of Rolf Jacobsen, translated and edited by Roger Greenwald

Rilke: Between Roots, selected poems rendered from the German by Rika Lesser

In the Storm of Roses: Selected Poems by Ingeborg Bachmann, translated, edited, and introduced by Mark Anderson

Birds and Other Relations: Selected Poetry of Dezső Tandori, translated by Bruce Berlind

Brocade River Poems: Selected Works of the Tang Dynasty Courtesan Xue Tao, translated and introduced by Jeanne Larsen

The True Subject: Selected Poems of Faiz Ahmed Faiz, translated by Naomi Lazard

My Name on the Wind: Selected Poems of Diego Valeri, translated by Michael Palma

Aeschylus: The Suppliants, translated by Peter Burian

Foamy Sky: The Major Poems of Miklós Radnóti, selected and translated by Zsuzsanna Ozsváth and Frederick Turner

La Fontaine's Bawdy: Of Libertines, Louts, and Lechers, translated by Norman R. Shapiro

A Child Is Not a Knife: Selected Poems of Göran Sonnevi, translated and edited by Rika Lesser

George Seferis: Collected Poems, Revised Edition, translated, edited, and introduced by Edmund Keeley and Philip Sherrard